〔개정판〕
중고등학교 수행평가를 위한
생활 漢字 쓰기 교본

한자문화교육연구회

[개정판]
중고등학교 수행평가를 위한
생활 漢字 쓰기 교본

개정판 1쇄 인쇄 2012년 2월 20일
개정판 2쇄 발행 2013년 3월 25일

엮은이   한자문화교육연구회
펴낸이   조윤숙
펴낸곳   문자향
등록번호 제 1-2821호(2001. 3. 13)
주소   서울 마포구 합정동 413-16 영광빌딩 3층
전화   02-303-3491
팩스   02-303-3492
이메일   munjahyang@korea.com

ISBN   978-89-90535-44-3   53640

값 7,000원
※잘못된 책은 구입하신 서점에서 교환해 드립니다.

머 리 말

　예로부터 身言書判(신언서판)은 교육의 기본지침으로 인식하고 행하여 왔다. 바른 몸가짐, 말씨, 글씨, 판단력은 사회생활의 필수요소이자 기본이기 때문이다. 현재 한문과 개정 교육과정은 교육용 기초한자 1,800자를 바탕으로 한문에 대한 기초적인 지식을 익혀 한문독해와 언어생활에 활용하는 데 중점을 두고 있다. 한자의 올바른 이해를 통한 어휘력 신장은 모든 학습의 기본이 된다는 점에서 한자·한문 교육은 핵심 도구교과라 할 수 있다.

　그러나 오늘날 학교현장에서 시행하고 있는 한문교육은 교양교과 영역에 포함되어 다루어지고 있는 실정이다. 그러다 보니 입시교과에 밀려 소홀히 다루어지고 있으며, 읽기와 독해 중심의 제한적 교육활동을 전개하고 있다. 특히 한문교육의 기본에 해당하는 쓰기교육은 거의 이루어지지 못하고 있다. 그리하여 부족한 쓰기교육을 보완하는 방안으로 본 교재를 개발하게 되었다. 기존의 대부분 한자쓰기 교재는 틀과 원리를 생각하며 쓰기보다는, 칸을 채우기에 급급한 실정이다.

　이에 본 교재는 일상에서 주로 활용되는 생활한자 1,000字를 선정하여 글자에 대한 틀을 사각형, 사다리꼴, 삼각형, 마름모 등으로 구성하고, 구성된 모습을 선으로 분석하여 쉽고 바르게 한자를 결구하여 쓸 수 있도록 하였다. 아울러 일방적 암기가 아니라, 어휘의 유사, 대립, 유래, 활용 등 다양한 비교를 통해 의미를 체계적으로 이해할 수 있도록 하였다. 본 교재의 내용구성과 특징을 참고하여 수행평가에 활용한다면 쓰기교육의 기초 목표를 달성함은 물론 언어생활에 활용할 수 있는 다각적 효과를 거두기에 부족하지 않을 것이다.

　끝으로 본 교재에 대한 많은 叱責(질책)을 기대하며, 이에 대해서는 반드시 개선·보완하여 더 좋은 중·고등학교 한문교육 교재로 활용될 수 있도록 약속하는 바이다.

임진년 정월 한자문화교육연구회

| 내용 구성과 특징 |

본 교재는 한문교과 교육의 근본적 문제점인 읽기와 쓰기의 기본학습을 해결하고자 현행 중·고교용 검인정 교과서를 종합적으로 검토하여, 가장 비중이 높은 사자성어와 단문을 선정하여 표제로 삼았다. 또한 똑같은 노력에 비해 학습효과를 더욱 증대할 수 있도록 고려하였다. 수학능력시험에 대비한 어휘의 직역, 의역, 유래, 배경, 활용 등을 체계적으로 제시함으로써 학습의 효율성을 배가시키도록 하였다. 이에 대하여 상술하면 다음과 같다.

■ 전체적인 구성의 특징

본 교재는 수능에 활용도가 높은 성어를 중심으로 표제어를 선정하였다. 따라서 현행 중·고교용 검인정 교과서를 검토하여 비중이 높은 것을 우선으로 하였지만, 교육적 가치가 있다고 판단된 것은 빈도가 적더라도 채택하여, 성어 중심에 단문을 곁들여 구성하였다.

■ 구체적인 특성

표제어의 내용은 쓰기 교재로서의 역할을 충실히 수행할 수 있도록 글자 모양, 필순, 어휘 및 풀이, 쓰기 실제, 다양한 활용 등으로 어휘에 대한 기본학습을 충실히 이행하도록 도모하였다.

1 한자의 모양

한자의 모양은 사각형 틀이 기본이지만 시각적 교육의 이해도를 높이기 위하여 마름모꼴, 사다리꼴, 삼각형, 원 등으로 크게 구별하고, 각각 대칭과 균형, 획의 조화 등을 고려하여 잘 쓸 수 있도록 최대한 다양하게 제시하였다. 학습자는 단순히 따라 쓰려고 하지 말고 한자의 모양을 잘 살펴서 획의 균형을 유지하며 바르게 쓸 수 있어야 할 것이다.

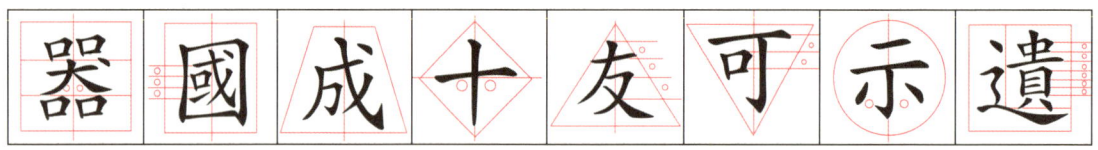

2 필순

본문에 제시된 어휘 중 "좌에서 우로, 위에서 아래로"라는 기본적인 원칙과 예외적인 경우를 모두 반영하여 글자를 선정하고 필순을 제시함으로써 순서에 따른 바른 글쓰기가 가능하도록 하였다.

3 표제어 및 풀이

교과서와 일상생활에 자주 사용되는 성어를 선별하여 제시하였다. 한자 하나하나의 음, 뜻을 밝히고 동시에 어휘의 직역과 의역을 제시하였다.

4 쓰기란

쓰기란은 글자 교본, 모눈종이 글자모양 만들기와 한자의 훈과 음 쓰기, 익혀서 쓰기 등 3단계로 구성하여 바르게 쓰고 익힐 수 있도록 하였다.

5 活用(활용)란

표제어로 제시한 성어에 대한 유사어, 대립어, 참고사항을 풀이와 더불어 제시하였다. 표제어 글자 중 다양한 쓰임으로 해설이 필요한 경우는 추가로 설명하였고, 성어에 대한 유래와 배경을 알기 쉽게 안내하고 활용문장을 제시하였다.

인물·재능

甲男乙女　善男善女
才子佳人　泰山北斗
群鷄一鶴　棟梁之材
囊中之錐　聞一知十
仁者無敵　七縱七擒
老馬之智　外柔內剛
傾國之色　丹脣皓齒
糟糠之妻　梁上君子
難兄難弟　莫上莫下
龍虎相搏　伯仲之勢
目不識丁　一字無識
刻舟求劍　矯角殺牛
膠柱鼓瑟　燈下不明
菽麥不辨　緣木求魚
牛耳讀經　井底之蛙
守株待兔　尾生之信

한자의 필순

① 위쪽에서 아래쪽으로 쓴다.
　예) 三, 言, 案

② 왼쪽에서 오른쪽으로 쓴다.
　예) 川, 心

③ 가로획과 세로획이 만날 때 가로획을 먼저 쓴다.
　예) 十, 井, 木

④ 좌우 대칭일 때 가운데 획를 먼저 쓰고 왼쪽, 오른쪽 순으로 쓴다.
　예) 小, 水, 亦 ※火는 중앙 획 人을 나중에 쓴다.

⑤ 글자를 꿰뚫는 획은 맨 나중에 쓴다.
　예) 中, 申, 事, 車, 子, 女, 母

⑥ 둘러싼 몸을 먼저 쓰고 안쪽을 나중에 쓴다.
　예) 同, 周, 問, 間, 聞, 風

⑦ 아래를 막는 가로획은 나중에 쓴다.
　예) 日, 目, 園, 圓, 國

⑧ 삐침[ノ]과 파임[\]이 있을 때는 삐침을 먼저 쓴다.
　예) 人, 父, 交, 水, 長

⑨ 받침은 나중에 쓴다. 단 是, 走는 변으로 보아 먼저 쓴다.
　예) 近, 遠, 道, 建, ※起, 匙

⑩ 오른쪽 위에 있는 점은 나중에 찍는다.
　예) 犬, 代, 戊

ノ 亻 亻 什 仹 佳 佳 佳 　　　　　一 二 三 声 夫 夫 泰 泰 泰 泰

才子佳人　　　　　　泰山北斗

재주 재　자식 자　아름다울 가　사람 인　　클 태　뫼 산　북쪽 북　말 두

재주 있는 사람과 아름다운 사람　　　태산과 북두칠성
⇒ 재주와 능력을 갖춘 뛰어난 사람　　⇒ 모든 사람들이 존경하는 학문이나 예술 분야의 권위자

才子佳人　　　　　　泰山北斗

〈참고〉 **子의 쓰임**
　　자식, 아들, 그대, 접미사, 스승, 첫째지지.
　　子息(자식), 子女, 諸子百家(제자백가), 卓子(탁자).
〈활용〉 아무리 才子佳人이라도 때를 만나지 못하면 뜻을 펼
　　　치기가 어렵다.

〈유래〉 당나라 한유는 六經(육경)의 문장으로 여러 학자들의
　　　스승이 되었고, 죽은 뒤에도 학설이 천하에 떨쳐졌으
　　　므로 泰山北斗(태산북두)처럼 우러러보았다는 데서
　　　유래. 《唐書(당서)》

_____월 _____일 이름 _____

인물·재능 _9

群鷄一鶴 棟梁之材

| 무리 군 | 닭 계 | 한 일 | 학 학 | 마룻대 동 | 들보 량 | 어조사 지 | 재목 재 |

여러 마리의 닭 가운데 한 마리의 학
⇒ 많은 사람 가운데 뛰어난 사람

마룻대나 대들보로 쓸 만한 재목
⇒ 한 집안이나 한 나라의 중대한 일을 맡을 만한 인재

〈참고〉羊(양)은 양의 속성에 의거하여 '아름답다, 착하다, 무리짓다'의 의미를 가짐.
美(아름다울 미), 善(착할 선), 群(무리 군)
〈활용〉많은 사람 틈에 섞이면 群鷄一鶴 격으로 그의 품격은 더욱 두드러져 보였다.《손창섭, 잉여 인간》

〈유사〉干城(간성)
〈참고〉棟梁은 마룻대와 대들보로 옛날에 집을 지을 때, 중앙에 가로질러 놓인 지붕을 떠받치고 건물의 중심을 잡는 가장 중요한 부분.
〈활용〉젊은이여 이상을 이루어 조국의 棟梁이 되어라.

____월 ____일 이름 _____

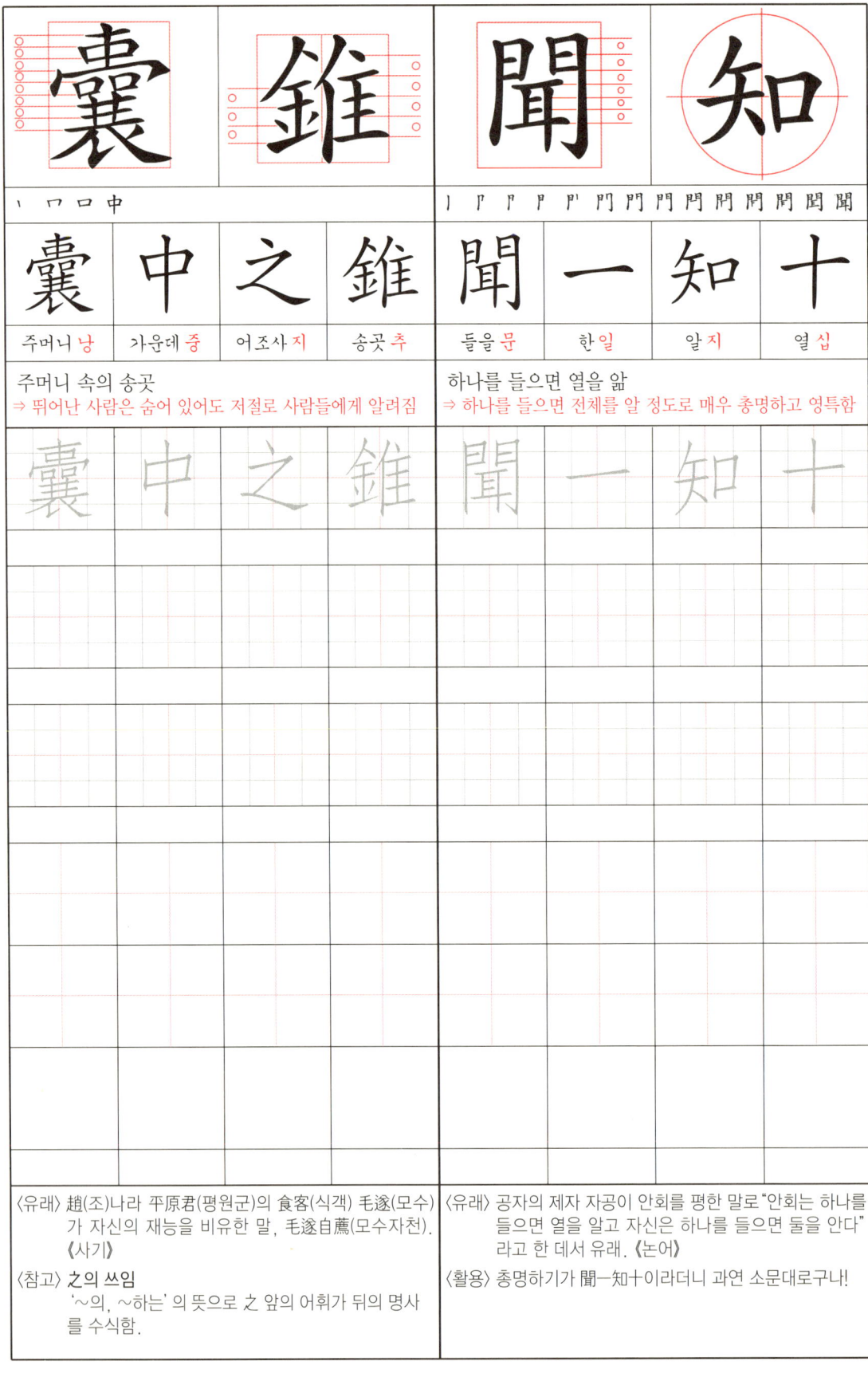

傾	國	之	色	丹	脣	皓	齒
기울 경	나라 국	어조사 지	빛 색	붉을 단	입술 순	흴 호	이 치

나라를 기울일 만한 여색
⇒ 나라를 망하게 할 정도로 매우 아름다운 여인

붉은 입술과 흰 치아
⇒ 붉은 입술과 흰 치아를 가진 아름다운 여인의 얼굴

〈유사〉絕世美人(절세미인), 丹脣皓齒(단순호치)

〈참고〉 **色의 쓰임**
  1. 색깔 : 黑色(흑색), 黃色(황색).
  2. 얼굴빛 : 顔色(안색).
  3. 욕정 : 女色(여색), 男色(남색).
  4. 모양, 상태 : 色卽是空(색즉시공).

〈유래〉丹脣外朗 皓齒內鮮(단순외랑 호치내선) : 붉은 입술은 밖으로 낭랑하고, 하얀 치아는 안으로 선명함.《洛神賦(낙신부)》

〈참고〉 중국의 4대 미인
  － 西施(서시), 王昭君(왕소군)
    貂嬋(초선), 楊貴妃(양귀비)

인물 · 재능

龍虎相搏 / 伯仲之勢

용룡 / 호랑이호 / 서로상 / 칠박 / 맏백 / 버금중 / 어조사지 / 세력세

용과 호랑이가 서로 싸움
⇒ 우열을 가리기 힘든 두 사람이 승패를 겨룸

맏이와 둘째의 형세
⇒ 능력이 비슷하여 우열을 가리기 어려움

〈유래〉關中(관중)을 사이에 두고 패권을 다툰 曹操(조조)와 馬超(마초)의 싸움을 비유한 말. 《삼국지》
〈활용〉강자끼리 서로 싸워서 서로 승패를 가리기 어려운 경우에 龍虎相搏, 難兄難弟(난형난제)라 한다.

〈유래〉伯仲之間(백중지간)에서 나온 말로 漢(한)나라 대문장가인 부의와 반고의 문장 실력을 비유한 말. 《典論(전론)》
〈참고〉伯仲叔季(백중숙계)-첫째, 둘째, 셋째, 넷째로 형제의 순서를 가리키며, 일반적으로 伯父(백부)는 큰 아버지를, 叔父(숙부)는 작은 아버지의 뜻으로 쓰임.

_____월 _____일 이름 _____

目不識丁	一字無識
눈 목 / 아니 불 / 알 식 / 장정 정	한 일 / 글자 자 / 없을 무 / 알 식
고무래를 보고도 丁자를 알지 못함 ⇒ 아무것도 모르는 일자무식을 일컬음	한 글자도 알지 못함 ⇒ 어떤 분야에 대하여 아는 바가 하나도 없음

〈참고〉 낫 놓고 'ㄱ'자도 모른다.
　丁은 원래 넷째천간 정, 장정 정이다. 고무래와 모양이 비슷하여 고무래 정이라고도 하나, 여기서는 의미 없는 정(간단한 글자)이라고 풀이함.

〈유사〉 目不識丁(목불식정), 牛耳讀經(우이독경)
〈참고〉 낫 놓고 'ㄱ'자도 모른다.
〈활용〉 一字無識한 사람이 어떻게 계약서를 작성할 수 있다는 말입니까?

＿＿＿월 ＿＿＿일　이름 ＿＿＿＿＿＿＿＿＿＿

| 刻 | 劍 | 矯 | 殺 |

丶亠亥亥亥亥亥刻　　ノ乂亍卉杀杀杀杀殺殺

刻舟求劍　　　　**矯角殺牛**

새길 **각**　배 **주**　찾을 **구**　칼 **검**　바로잡을 **고**　뿔 **각**　죽일 **살**　소 **우**

뱃전에 새겼다가 칼을 찾음　　　　　뿔을 바로잡으려다가 소를 죽임
⇒ 변화를 모르고 낡은 생각을 고집하는 어리석음　　⇒ 작은 흠이나 결점을 고치려다가 도리어 일을 그르침

〈참고〉 守株待兎(수주대토) : 그루터기를 지키면서 토끼를 기다림.

〈유래〉 초나라 사람이 배에서 칼을 물속에 떨어뜨리고 그 위치를 뱃전에 표시했다가 나중에 배가 움직인 것을 생각하지 않고 칼을 찾았다는 데서 유래. 《여씨춘추》

〈유사〉 小貪大失(소탐대실) : 작은 것을 탐하다가 큰 것을 잃음.
以小失大(이소실대) : 작은 것 때문에 큰 것을 잃음.

〈참고〉 빈대 잡으려다 초가 삼간 다 태운다.

____월 ____일 이름 _____

인물·재능 _19

| 膠 | 瑟 | 下 | 不 |

一 十 士 士 吉 吉 吉 壴 壴 壴 尌 鼓 鼓 　　　丨 冂 日 日 明 明 明 明

膠	柱	鼓	瑟	燈	下	不	明
아교칠 교	기러기발 주	연주할 고	거문고 슬	등불 등	아래 하	아니 불	밝을 명

기러기발을 아교로 붙여 놓고 거문고를 연주함
⇒ 규칙만 고수하여 융통성이 없는 꽉 막힌 사람

등잔 밑이 어두움
⇒ 가까이서 생긴 일을 오히려 더 모름

膠柱鼓瑟　燈下不明

〈유래〉 秦(진)나라의 침략을 받은 趙(조)나라가 廉頗(염파)장군으로 방어하다가 이론에만 밝은 趙括(조괄)로 대체하려 할 때 인상여가 조괄을 쓰는 것은 마치 膠柱鼓瑟과 같다고 한 데서 유래.《사기》

〈참고〉 明 : 囧(빛날 경-창문의 모양)+月(달 월) = 창 밖에서 달빛이 환하게 비춤.
①밝다:明暗(명암) ②분명하다:明白(명백) ③깨끗하다:明鏡止水(명경지수) ④이승,현세:幽明(유명) ⑤나라이름:明나라.

_____월 _____일 이름 _____

자연 · 이치

吟風弄月　泉石膏肓
武陵桃源　山紫水明
百年河清　桑田碧海
因果應報　種豆得豆
送舊迎新　會者定離
事必歸正　物我一體
天高馬肥　近墨者黑

武陵桃源(무릉도원)

무릉의 복숭아 꽃 근원지로 속세에는 존재하지 않는 이상향을 뜻함.

> 東晉(동진) 때 武陵(무릉) 땅의 어부가 복숭아 꽃잎이 떠내려오는 강을 거슬러 올라갔다. 향기에 취해 꽃잎을 따라가니, 커다란 산이 가로막고 양쪽으로 복숭아꽃이 만발하였다. 어른 한 명이 겨우 들어갈 정도의 작은 동굴이 계곡 밑으로 뚫려 있었다. 안으로 들어갈수록 조금씩 넓어지더니, 별안간 확 트인 밝은 세상이 나타났다. 그곳에는 끝없이 너른 땅과 기름진 논밭, 풍요로운 마을과 뽕나무, 대나무밭 등 이 세상 어느 곳에서도 볼 수 없는 아름다운 풍경이 펼쳐져 있었다. 두리번거리고 있는 어부에게 그곳 사람들이 다가왔다. 그들은 이 세상 사람들과는 다른 옷을 입고 있었으며, 얼굴에 모두 미소를 띠고 있었다. 어부가 그들에게 궁금한 것을 묻자, 그들은 이렇게 대답했다.
>
> "우리는 조상들이 秦(진)나라 때 난리를 피해 식구와 함께 이곳으로 온 이후로 한번도 이곳을 떠난 적이 없습니다. 지금이 어떤 세상입니까?" 어부는 그들의 궁금증을 풀어주고 융숭한 대접을 받으며 며칠간을 머물렀다. 어부가 그곳을 떠나려 할 때 그들은 당부의 말을 하였다. "우리 마을 이야기는 다른 사람에게 하지 말아주십시오."
>
> 그러나 어부는 너무 신기한 나머지 길목마다 표시를 하고 돌아와서는 즉시 고을 태수에게 사실을 고하였다. 태수는 기이하게 여기고, 사람을 시켜 그곳을 찾으려 했으나 표시해놓은 것이 없어져 찾을 수 없었다.

◨ 생각해보기

1. 오늘날 무릉도원에 비유할 수 있는 곳이 있다면 그 장소와 그 이유는?

2. 동양의 무릉도원은 서양의 유토피아 또는 파라다이스와 비슷하다고 할 수 있다. 이런 이상향이 생겨나는 원인과 그것이 인류의 삶에 미친 영향을 생각해보자.

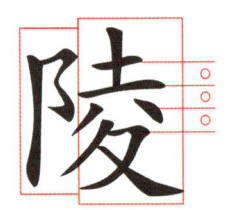   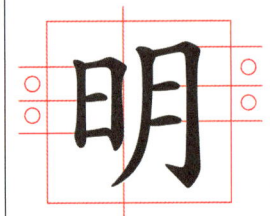

` ᄀ ᄂ ᄃ ᄅ ᄆ ᄇ ᄉ 陵 陵 陵` `ㅣ ㅏ ㅑ ㅓ ㅕ 此 紫 紫 紫 紫`

武	陵	桃	源	山	紫	水	明
호반 무	언덕 릉	복숭아 도	근원 원	뫼 산	붉을 자	물 수	밝을 명

무릉이라는 복숭아꽃 근원지
⇒ 속세에서 벗어난 이상향의 세계

산은 붉고 물은 밝다
⇒ 산은 붉게 물들고 물은 맑아서 매우 아름다움

武陵桃源 山紫水明

〈유사〉 仙境(선경), 別天地(별천지)
〈유래〉 무릉에 사는 한 어부가 노를 저어 복숭아꽃의 근원지를 찾아 들어가보니, 선경이 있었는데, 인간세계로 돌아와 다시 찾고자 했으나 찾지 못함.《桃花源記(도화원기)》

〈유사〉 山明水麗(산명수려), 錦繡江山(금수강산)
〈활용〉 조국은 나에게는 언제까지나 여전히 山紫水明의 금수강산이었으니….《유진오, 구름 위의 만상》

자연·이치 __27

百年	河淸	桑田	碧海
일백 백	해 년	물이름 하	맑을 청	뽕나무 상	밭 전	푸를 벽	바다 해

백 년이 지난들 황하가 맑으랴
⇒ 오랜 시간이 지나도 일이 이루어지기 어려움

뽕나무 밭이 푸른 바다가 되다
⇒ 밭이 바다가 될 정도로 변화가 매우 심함

〈유래〉 중국의 黃河(황하)가 늘 흐려 맑을 때가 없다는 데서 유래.
〈참고〉 河는 일반적으로 '강이나 내'의 뜻으로 쓰이나, 여기서는 본래의 이름인 黃河(황하)의 뜻으로 쓰임.

〈유래〉 당나라 유희지의 시구, 已見松柏摧爲薪 實聞桑田變成海 (이견송백최위신 실문상전변성해 : 이미 송백이 잘리어 땔나무가 됨을 보았고, 또 뽕밭이 변해 바다가 되었다고 들었노라)에서 유래.
〈참고〉 십 년이면 강산도 변한다더니 桑田碧海로구나!

_____ 월 _____ 일   이름 _____

送舊迎新 / 會者定離

| 보낼 송 | 옛 구 | 맞이할 영 | 새 신 | 모일 회 | 놈 자 | 반드시 정 | 떨어질 리 |

옛 것을 보내고 새 것을 맞이함
⇒ 묵은 해를 보내고 새해를 맞이함

만난 사람은 반드시 헤어짐
⇒ 모든 것이 무상함을 이르는 말

〈참고〉 送舊迎新은 신년인사로 연말연시에 자주 사용하는 말.
謹賀新年(근하신년) : 삼가 새해를 축하합니다.
送年會(송년회) : 한 해를 보내는 모임.
新年會(신년회) : 새 해의 모임.
始務式(시무식) : 한 해의 업무를 시작하는 의식.

〈유사〉 生者必滅(생자필멸), 去者必返(거자필반).
〈유래〉 석가모니가 열반할 적에 아란 존자에게 일러준 말에서 유래.
〈활용〉 한용운님의 시 〈이별은 미의 창조〉는 〈님의 침묵〉에서의 이별이 만남을 전제한다는 會者定離, 去者必反의 세계가 투영되어 있다.

____월 ____일 이름 _____

교수신문 선정, 올해의 사자성어

교수신문이 2001년부터 신문에 칼럼을 쓰는 교수들을 상대로 설문조사를 한 결과 선정된 '올해의 사자성어'를 정리하면 다음과 같다.

2001년 : 안개 속을 헤매는 '오리무중(五里霧中)'
2002년 : 싸우고 뭉치고 또 싸우던 '이합집산(離合集散)'
2003년 : 갈 길 모르고 헤매던 '우왕좌왕(右往左往)'
2004년 : 막가파식 흠집 내기 전쟁판 '당동벌이(黨同伐異)'
2005년 : 분열의 극을 치닫던 '상화하택(上火下澤)'
2006년 : 냄새만 피우고 쇼만 벌여 '밀운불우(密雲不雨)'
2007년 : 믿을 놈 하나 없던 '자기기인(自欺欺人)'
2008년 : 썩을 대로 썩은 질환도 숨기던 '호질기의(護疾忌醫)'
2009년 : 편법만 난무하던 '방기곡경(旁岐曲逕)'
2010년 : 머리만 처박고 숨었지만 꼬리가 드러난 '장두노미(藏頭露尾)'
2011년 : 귀를 막고 종을 훔친다는 '엄이도종(掩耳盜鐘)'
2012년 : 온 세상이 모두 탁하다는 '거세개탁(擧世皆濁)'

학문·성취

弘益人間	敎學相長
溫故知新	格物致知
不恥下問	靑出於藍
自强不息	發憤忘食
燈火可親	手不釋卷
晝耕夜讀	螢雪之功
日就月將	刮目相對
切磋琢磨	大器晚成
欲速不達	過猶不及
改過遷善	他山之石
切齒腐心	臥薪嘗膽
苦盡甘來	錦衣還鄕
始終一貫	龍頭蛇尾
日暮途遠	多岐亡羊
三顧草廬	至誠感天
以心傳心	不立文字
安貧樂道	簞食瓢飮
克己復禮	君子三樂
畫龍點睛	愚公移山
砂上樓閣	汗牛充棟

孟母三遷之敎(맹모삼천지교)

맹자의 어머니가 어린 맹자의 교육을 위해 세 번 이사했다는 뜻.

> 聖人(성인) 공자에 버금가는 亞聖(아성) 맹자는 전국시대의 인물이다. 어린 나이에 아버지를 여의고 홀어머니가 양육하였는데 《열녀전》에 다음과 같이 이야기가 실려 있다.
>
> 맹자의 어머니는 처음에 공동묘지 근처에 살았는데 어린 맹자는 아이들과 땅을 파고 묻으며 장례 치르는 놀이를 하며 놀았다. 맹자 어머니는 자식이 살 만한 곳이 아니라고 생각하여 시장으로 이사하였다.
>
> 그런데 이번에는 어린 맹자가 물건을 팔고 사며 흥정하는 흉내를 내며 놀았다. 맹자의 어머니는 이곳 역시 자식이 살 만한 곳이 아니라고 생각하여 서당[學宮] 근처로 이사하였다.
>
> 그러자 맹자는 제사 물품[祭具]을 늘어놓고 제사 지내는 흉내를 내며 놀았다. 학교에서는 유교의 예절을 가르치고 있었기 때문이다. 맹자의 어머니는 이곳이야말로 자식이 살 만한 곳이라 하고는 머물러 살았다. 이러한 어머니의 노력으로 맹자는 大儒學者(대유학자)가 되었다.

사람이 성장할 적에 그 환경은 매우 중요하다. 청소년기에는 정확하게 사리를 분별하지 못하고 주관이 확립되지 않아서 모방과 반복학습으로 지식을 습득하고 인격을 형성해나가기 때문이다. 교육환경에는 인간관계, 사회적, 물질적, 자연·지리적 요소들을 생각할 수 있다.

1. 우리 학교 주변의 사회적 환경으로 좋은 점과 나쁜 점을 비교하여 말해보자.

2. 교육 여건에서 환경이 중요하다고 말하는 이유와 환경이 교육에 미치는 영향을 말해보자.

3. 오늘날 孟母三遷에 비교할 만한 사례를 찾아보고, 그 교육적 효과에 대하여 의견을 말해보자.

학문·성취

弘益

획순: 丨 冂 冂 冃 冃 門 門 門 問 問 問 間

教學

획순: 丿 乂 乂 羊 羊 孝 孝 孝 敎 敎

弘益人間

| 넓을 홍 | 이로울 익 | 사람 인 | 사이 간 |

널리 인간 세계를 이롭게 함

教學相長

| 가르칠 교 | 배울 학 | 서로 상 | 자랄 장 |

가르치고 배우며 서로 성장함
⇒ 가르침과 배움은 모두 자신의 학업을 진보시킴

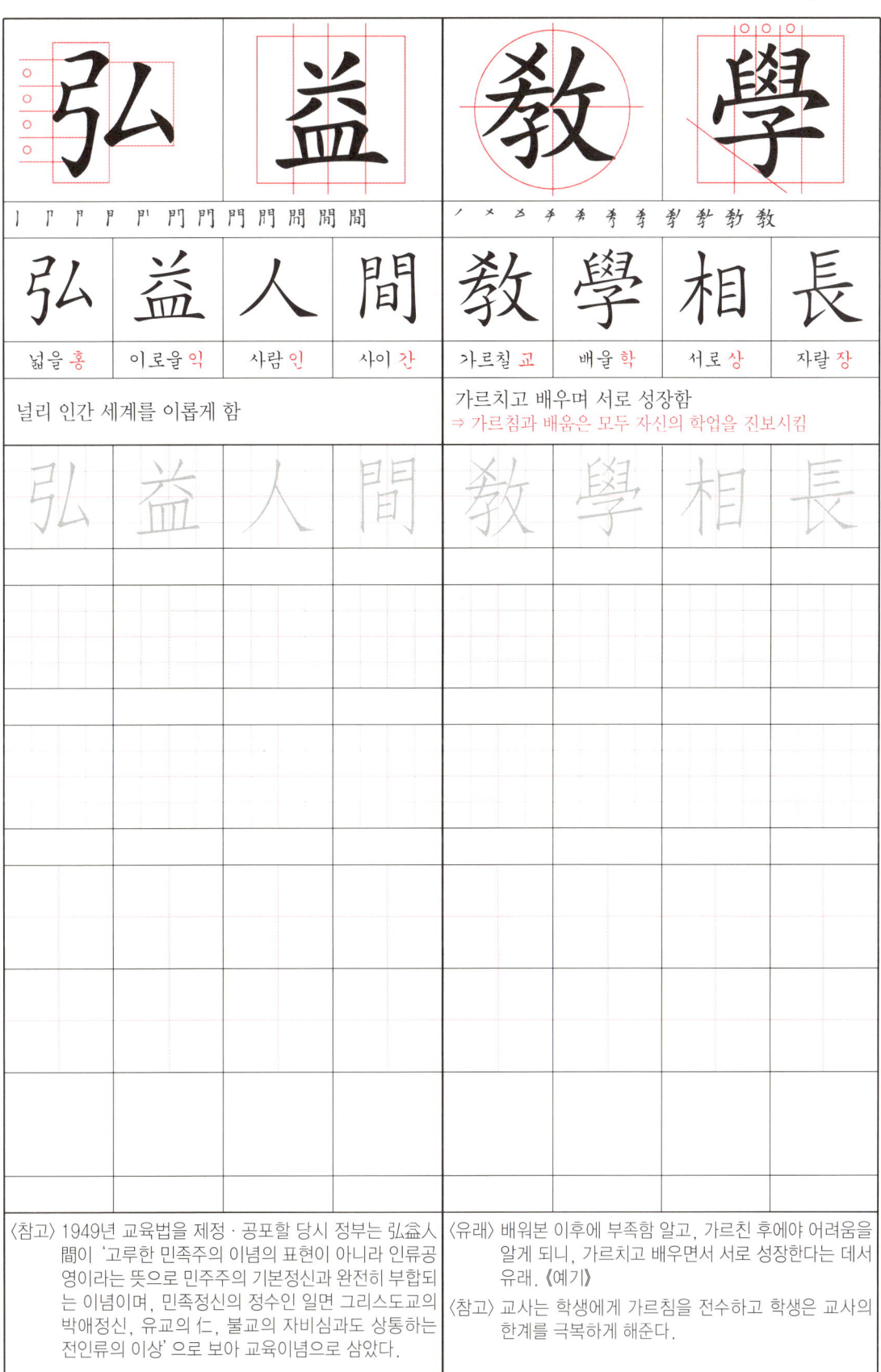

〈참고〉 1949년 교육법을 제정·공포할 당시 정부는 弘益人間이 '고루한 민족주의 이념의 표현이 아니라 인류공영이라는 뜻으로 민주주의 기본정신과 완전히 부합되는 이념이며, 민족정신의 정수인 일면 그리스도교의 박애정신, 유교의 仁, 불교의 자비심과도 상통하는 전인류의 이상'으로 보아 교육이념으로 삼았다.

〈유래〉 배워본 이후에 부족함 알고, 가르친 후에야 어려움을 알게 되니, 가르치고 배우면서 서로 성장한다는 데서 유래.《예기》
〈참고〉 교사는 학생에게 가르침을 전수하고 학생은 교사의 한계를 극복하게 해준다.

_____월 _____일 이름 _____

   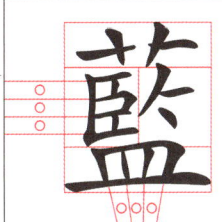

丨 冂 冂 冃 門 門 門 問 問   丨 ㄴ 屮 出 出

不恥下問   靑出於藍

| 아니 **불** | 부끄러울 **치** | 아래 **하** | 물을 **문** | 푸를 **청** | 날 **출** | 어조사 **어** | 쪽풀 **람** |

아랫사람에게 묻기를 부끄러워하지 않음
⇒ 학문하는 올바른 태도

푸른 물감은 쪽풀에서 뽑아냈음
⇒ 제자나 후배가 스승이나 선배보다 나음을 비유

〈참고〉 孔子穿珠(공자천주) : 구슬 꿰는 방법을 묻는 공자의 말에 아낙네가 개미허리에 실을 매고 구슬 구멍 반대편에 꿀을 발라서 꿰라고 한 말. 하찮은 사람에게도 묻고 배워야 함.

〈활용〉 그는 자존심이 강한 사람이지만 모르는 것이 있으면 不恥下問하는 사람이다.

〈유래〉 靑出於藍而靑於藍(청출어람이청어람)이요 : 청색물감이 쪽풀에서 나왔으나 쪽빛보다 푸르고,
氷生於水而寒於水(빙생어수이한어수)라 : 얼음이 물에서 생겼으나 물보다 차갑다.

_____ 월 _____ 일   이름 _____

自強不息

自	強	不	息
스스로 자	힘쓸 강	아니 불	쉴 식

스스로 힘쓰고 쉬지 않음
⇒ 쉬지 아니하고 끊임없이 노력함

發憤忘食

發	憤	忘	食
일으킬 발	분발할 분	잊을 망	먹을 식

분발하여 먹는 것조차 잊어버림
⇒ 끼니를 잊을 정도로 어떤 일에 몰두함

〈유사〉 愚公移山(우공이산), 日就月將(일취월장)
　　　 日新又日新(일신우일신)
〈유래〉 天行健 君子以自強不息(천행건 군자이자강불식) 천도의 운행이 건실하니, 군자는 이를 본받아 스스로 힘쓰고 쉬지 않는다. 《역경》

〈유래〉 發憤忘食 樂以忘憂 不知老之將至(발분망식 낙이망우 부지노지장지 : 발분하여 먹는 것을 잊고 즐거워서 근심을 잊어서 늙는 줄도 모름) 에서 유래. 《논어》
〈활용〉 이 거룩한 사업을 위해서 먹을 것을 못 먹고 입을 것을 입지 못하고 문자 그대로 發憤忘食하고 다닌다…. 《김성한, 자유인》

_____월 _____일 이름 _____

晝耕夜讀

| 낮 주 | 밭갈 경 | 밤 야 | 읽을 독 |

낮에는 밭 갈고 밤에는 독서함
⇒ 어려운 가운데서도 열심히 공부함

螢雪之功

| 반딧불 형 | 눈 설 | 어조사 지 | 공 공 |

반딧불과 눈빛으로 공부함
⇒ 어려운 여건 속에서도 꾸준하게 공부하는 자세

〈유사〉 형설지공(螢雪之功)
〈참고〉 書(글 서) – 晝(낮 주) – 畫(그림 화) – 劃(그을 획)
〈활용〉 그는 낮에는 직장에서, 밤에는 대학원에서 晝耕夜讀 하는 학구파이다.

〈유래〉 가난하여 기름을 살 돈이 없었던 孫康(손강)은 눈빛에 글을 읽고, 車胤(차윤)은 반딧불에 비추어 공부하여 성공한 데서 유래. 《晉書(진서)》
〈활용〉 그는 螢雪之功으로 공부에 매진하였다.

_____월 _____일 이름 _____

切齒腐心 / 臥薪嘗膽

切 끊을 절 | 齒 이 치 | 腐 썩을 부 | 心 마음 심 | 臥 누울 와 | 薪 나무 신 | 嘗 맛볼 상 | 膽 쓸개 담

몹시 분하여 이를 갈며 마음을 썩임

땔나무에 눕고 쓸개를 맛봄
⇒ 복수하거나 어떤 일을 이루기 위해 온갖 고난을 참고 견딤

〈유사〉 1. 含憤蓄怨(함분축원) 분한 마음을 품고 원한을 쌓음.
2. 悲憤慷慨(비분강개) 슬프고 분하여 의분이 북받침.

〈활용〉 중국 漢(한)나라 武帝(무제) 때 司馬遷(사마천)은 흉노에게 투항한 李陵(이릉)을 변호하다가 치욕적인 宮刑(궁형)을 받았으나, 좌절하지 않고 切齒腐心하여《사기》를 완성하였다.

〈대립〉 不念舊惡(불념구악) : 남의 잘못이나 개인적인 원한을 마음에 새겨두지 않는 것을 비유함.

〈유래〉 춘추시대 吳(오)나라 왕 夫差(부차)가 섶에 누워 자고, 越(월)나라 왕 句踐(구천)이 쓸개를 핥으면서 복수를 다짐한 데서 유래.《사기》

_____ 월 _____ 일 이름 _____

三顧草廬 至誠感天

석 삼 / 돌아볼 고 / 풀 초 / 초가집 려 / 지극할 지 / 정성 성 / 느낄 감 / 하늘 천

세 번 초가집을 찾아감
⇒ 인재를 맞아들이기 위하여 예를 갖추어 노력함

지극한 정성에는 하늘도 감동함
⇒ 무엇이든 정성껏 하면 하늘이 움직여 좋은 결과를 맺음

〈유래〉 중국 삼국시대에 蜀漢(촉한)의 유비가 남양에 있는 제갈량의 초가집으로 세 번이나 찾아간 데서 유래.《삼국지》
〈활용〉 고전소설 《臥龍先生出師傳(와룡선생출사전)》은 중국 삼국시대 蜀漢(촉한) 제갈량이 유비의 三顧草廬로부터 거사를 도모하기까지의 행적을 소설체로 엮은 글이다.

〈유사〉 卵上加卵(난상가란) : 달걀 위에 달걀을 포갠다는 뜻으로, 지극한 정성으로 최선을 다하면 좋은 결과를 맺는다는 말.
〈활용〉 ① 얽어진 남기[나무] 꺾어지며 공든 탑이 무너지랴 至誠이면 感天이요….《회심곡》
② 至誠感天이니, 끝까지 최선을 다하여 열심히 노력하자.

_____월 _____일 이름 _____

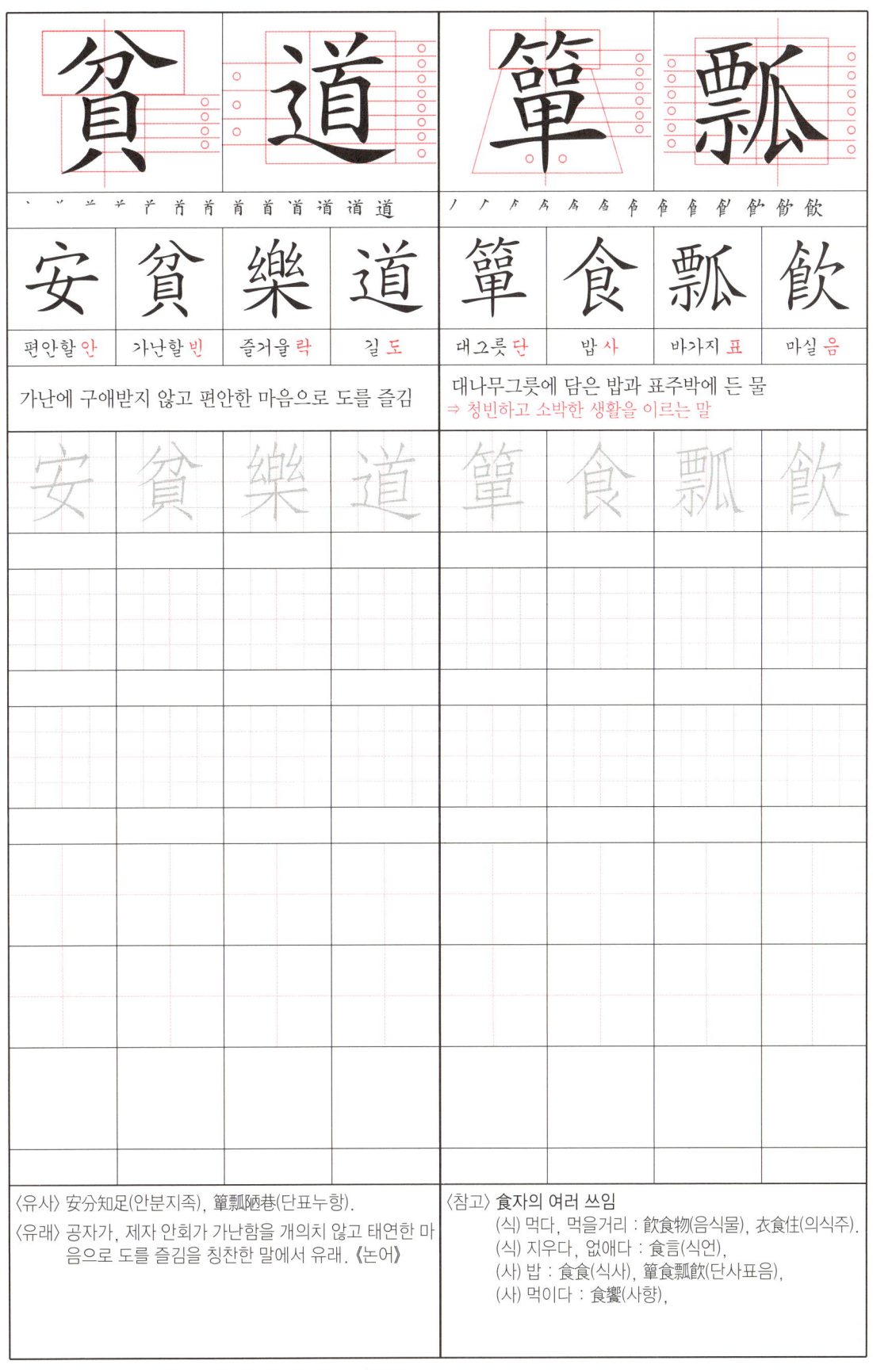

   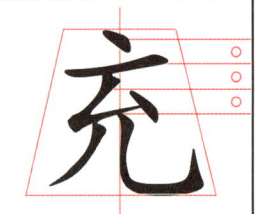

丨 冂 冂 冃 冃 門 門 門 閁 閁 閣 閣 閣　　丶 亠 六 产 充

沙上樓閣　汗牛充棟

沙	上	樓	閣	汗	牛	充	棟
모래 **사**	위 **상**	다락 **루**	집 **각**	땀 **한**	소 **우**	가득찰 **충**	마룻대 **동**

모래 위에 지은 다락집
⇒ 기초가 튼튼하지 못하여 오래가지 못함

소가 땀을 흘리고 마룻대에 가득 찰 정도로 많음
⇒ 소장한 책이 매우 많음

沙上樓閣　汗牛充棟

〈참고〉樓(문이 없는 다락집), 閣(사면에 문이 달린 다락집)
　- 沙와 砂는 통용함.
　- 九層之臺 起於累土(구층지대 기어누토) : 구층의 누대도 흙을 쌓는 데서 시작한다.

〈유래〉其爲書 處則充棟宇 出則汗牛馬(기위서 처즉충동우 출즉한우마) : 그가 지은 책을 집에 두면 마룻대까지 차고 밖으로 싣고 나가면 소와 말을 땀 흘리게 한다.《柳宗元(유종원), 陸文通墓表(육문통묘표)》

____월 ____일 이름 _____

교우 · 보은

莫逆之友　管鮑之交
金蘭之交　刎頸之交
伯牙絶絃　朋友有信
水魚之交　竹馬故友
芝蘭之交　肝膽相照
望雲之情　反哺之孝
出告反面　風樹之嘆
昏定晨省　班衣之戲
首丘初心　陰德陽報
結草報恩　刻骨難忘

益者三友 損者三友

益者三友요 損者三友니
익자삼우   손자삼우

友直하며 友諒하며 友多聞이면 益矣요
우직   우량   우다문   익의

友便辟하며 友善柔하며 友便佞이면 損矣니라
우편벽   우선유   우편녕   손의

이로운 벗이 셋이요, 해로운 벗이 셋이니,
정직한 사람을 벗하며, 진실한 사람을 벗하며, 견문이 많은 사람을 벗하면 유익하고,
편벽한 사람을 벗하며, 겉치레만 잘하는 사람을 벗하며, 말만 잘하는 사람을 벗하면 해롭다.

  인생을 사는 기쁨 중에 어떤 친구를 사귀느냐는 대단히 중요한 일입니다. 이로운 친구와 인생을 살면 마치 난초꽃 향기 가득한 곳에 들어간 것 같아서 시간이 지날수록 그 친구의 향기가 내 몸 가득히 묻어날 수밖에 없습니다. 그러나 해로운 친구와 함께 인생의 길을 가면 마치 썩은 생선가게에 들어간 것 같아서 생선의 썩은 비린내가 내 몸에 천천히 배일 수밖에 없을 것입니다. 그래서 옛부터 좋은 친구를 사귀는 것은 인생의 가장 중요한 것 중에 하나라고 했습니다.

◨ **생각해보기**

1. 나의 친구는 위의 어떤 유형에 해당하는가?

2. 내가 생각하는 진정한 친구의 조건은?

金蘭之交 / 刎頸之交

金	蘭	之	交	刎	頸	之	交
쇠 금	난초 란	어조사 지	사귈 교	벨 문	목 경	어조사 지	사귈 교

쇠처럼 단단하고 난초처럼 향기 그윽한 사귐

목을 베어도 변치 않을 굳은 사귐
⇒ 생사를 같이하여 죽어도 변치 않을 깊은 우정

〈유래〉 二人同心 其利斷金, 同心之言 其臭如蘭(이인동심 기리단금, 동심지언 기취여란 : 두 사람이 마음을 같이 함에 그 날카로움이 쇠를 자를 수 있고, 마음을 함께 하여 하는 말은 그 향기가 난초와 같다)에서 유래. 《周易(주역)》

〈유래〉 전국시대 趙(조)나라 장수인 염파는 인상여의 지위가 자기보다 높아지자 불만을 품었는데, 뒤에 나라를 위하는 인상여의 마음을 알고 찾아가 사죄하고 刎頸之交를 맺은 데서 유래. 《사기》

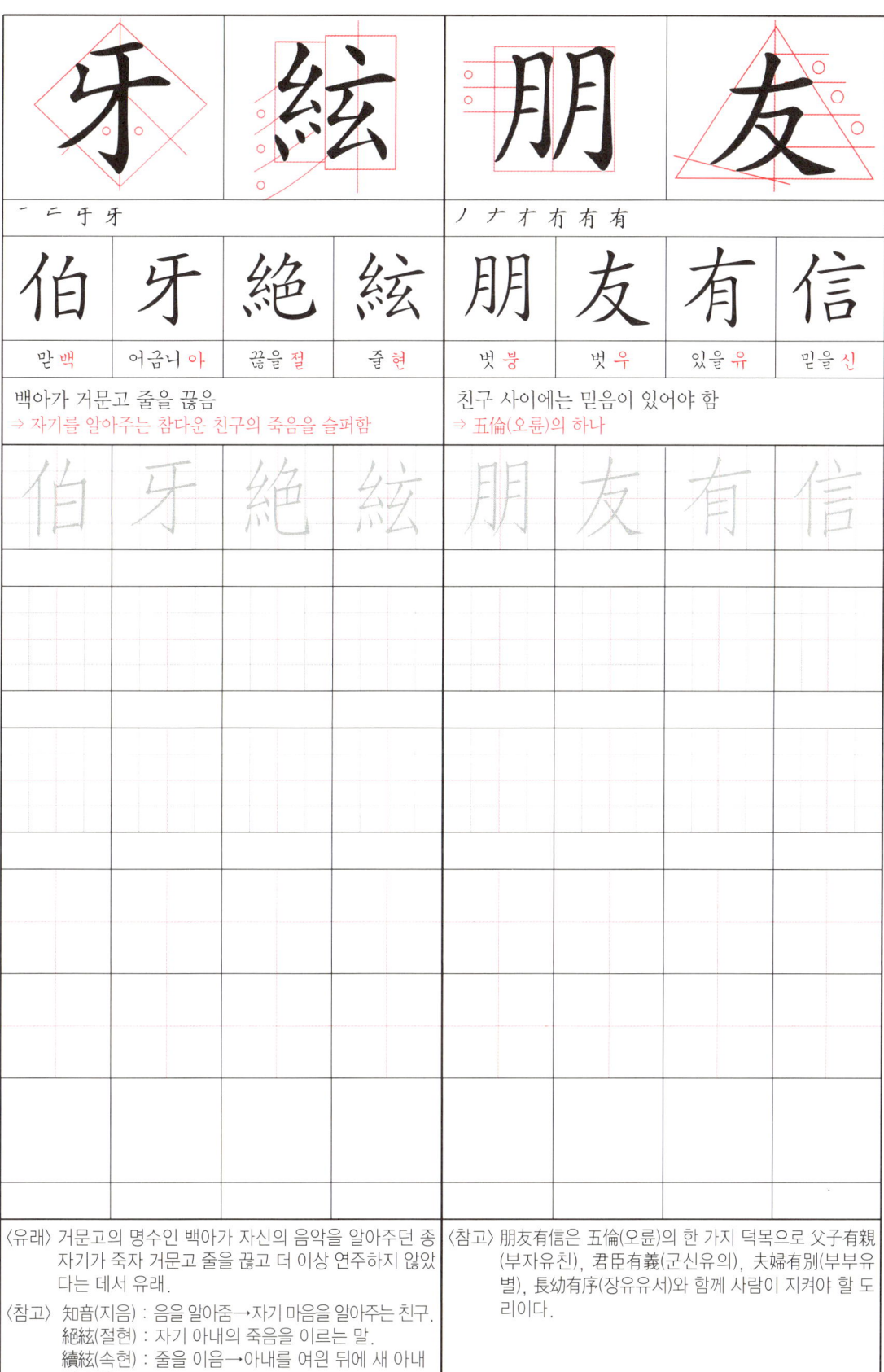

伯牙絶絃 朋友有信

- 牙: ᅳ 二 于 牙
- 有: ノ ナ 才 有 有 有

伯	牙	絶	絃	朋	友	有	信
맏 백	어금니 아	끊을 절	줄 현	벗 붕	벗 우	있을 유	믿을 신

백아가 거문고 줄을 끊음
⇒ 자기를 알아주는 참다운 친구의 죽음을 슬퍼함

친구 사이에는 믿음이 있어야 함
⇒ 五倫(오륜)의 하나

〈유래〉 거문고의 명수인 백아가 자신의 음악을 알아주던 종자기가 죽자 거문고 줄을 끊고 더 이상 연주하지 않았다는 데서 유래.
〈참고〉 知音(지음) : 음을 알아줌→자기 마음을 알아주는 친구.
絶絃(절현) : 자기 아내의 죽음을 이르는 말.
續絃(속현) : 줄을 이음→아내를 여읜 뒤에 새 아내를 맞음.

〈참고〉 朋友有信은 五倫(오륜)의 한 가지 덕목으로 父子有親(부자유친), 君臣有義(군신유의), 夫婦有別(부부유별), 長幼有序(장유유서)와 함께 사람이 지켜야 할 도리이다.

_____월 _____일 이름 _____

水	魚	之	交	竹	馬	故	友
물 수	물고기 어	어조사 지	사귈 교	대나무 죽	말 마	옛 고	벗 우

물과 물고기의 사귐
⇒ 물고기와 물의 관계와 같은 친밀한 사귐

대나무 말을 타고 놀던 옛 친구
⇒ 어렸을 때부터 함께 놀던 친한 친구

〈유래〉 촉한의 황제 유비가 날이 갈수록 제갈량을 신임하니, 關羽(관우)와 張飛(장비)가 불평하자, 유비가 "나에게 孔明(공명)은 물고기와 물의 관계와 같다"고 타이른 데서 유래. 《삼국지》

〈참고〉 魚水之樂(어수지락) : 부부나 남녀가 매우 사랑함.

〈유래〉 晉(진)나라 때 환온(桓溫)과 殷浩(은호)가 서로 경쟁하며 질투하는 사이가 되었는데, 환온이 상소하여 은호를 귀양 보내면서 "은호는 나와 어릴 때 같이 죽마를 타고 놀던 친구였다"라고 한 데서 유래. 《晉書(진서)》

_____월 _____일 이름 _____

望雲之情 反哺之孝

| 바랄 망 | 구름 운 | 어조사 지 | 뜻 정 | 돌이킬 반 | 먹일 포 | 어조사 지 | 효도 효 |

구름을 바라보는 심정
⇒ 자식이 고향에 계신 어버이를 생각하는 마음

까마귀가 늙은 어미에게 먹이를 물어다주는 효
⇒ 어버이의 은혜에 대한 자식의 지극한 효도

〈유래〉 唐(당)나라 狄仁傑(적인걸)이 벼슬에서 쫓겨나 太行山(태항산)을 오르다가 잠시 쉴 때, 흰 구름을 보며 "내 부모님이 저 구름 아래에 계시건만, 멀리 바라만 볼 수 있을 뿐 가 뵙지 못한 지가 오래되었다"라고 말한 데서 유래. 《당서》

〈참고〉 倚閭之望(의려지망) : 자녀나 배우자가 돌아오기를 기다리는 마음.

〈유래〉 晉(진)나라 李密(이밀)은 武帝(무제)가 높은 관직을 내렸지만, 늙은 할머니를 봉양하기 위해 사양하며, "까마귀가 어미의 은혜에 보답하는 마음으로 늙은 조모가 돌아가시는 날까지만 봉양하게 해주십시오"라고 한 데서 유래. 《陳情表(진정표)》

____월 ____일 이름 _____

首丘初心

머리 수 / 언덕 구 / 처음 초 / 마음 심

언덕으로 머리를 돌려 처음의 마음으로 돌아감
⇒ 근본을 잊지 않음. 고향을 그리워하는 마음

〈유래〉 狐死正丘首 仁也(호사정구수 인야 : 여우가 죽을 때 반드시 고향 언덕으로 머리를 돌리는 것은 仁이다)에서 유래. 《예기》

陰德陽報

그늘 음 / 큰 덕 / 볕 양 / 갚을 보

남모르는 덕행을 쌓으면 드러난 보답이 있음

〈유래〉 周(주)나라 孫叔敖(손숙오)가 어려서 머리가 둘인 뱀을 죽이고 근심하자 그 어미가 위로하여 한 말에서 유래. 《증정회상일기고사》

〈활용〉 부모가 덕을 쌓으면 그 결과는 자식에게 갈 것이니, 陰德陽報가 아니겠는가.

____월 ____일 이름 _____

66__ 교우 · 보은

  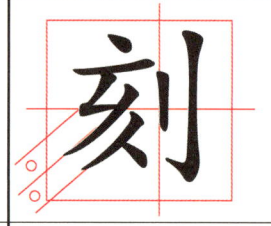 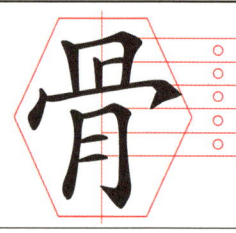

乚 纟 纟 纟 糸 紅 紝 結 結 結   ` 亠 亡 产 忘 忘 忘

結	草	報	恩	刻	骨	難	忘
맺을 **결**	풀 **초**	갚을 **보**	은혜 **은**	새길 **각**	뼈 **골**	어려울 **난**	잊을 **망**

풀을 엮어 은혜에 보답함
⇒ 죽은 뒤에라도 은혜를 잊지 않고 갚음

뼈에 깊이 새겨 잊기가 어려움
⇒ 입은 은혜가 뼈에 새길 만큼 커서 못 잊음

結草報恩　刻骨難忘

〈유래〉 중국 춘추시대 晉(진)나라 장수 魏顆(위과)가 아버지가 죽었을 적에 젊은 서모를 순장하지 않고 개가시켰더니, 그 후 秦(진)나라 장수 杜回(두회)와 전투할 적에 그 서모 아버지의 영혼이 적군의 앞길에 풀을 묶어 두회를 넘어뜨려 위과가 공을 세우게 했다는 고사에서 유래. 《좌씨전》

〈유사〉 刻骨銘心(각골명심), 白骨難忘(백골난망).
〈활용〉 1. 그동안 보살펴주신 선생님의 은혜는 실로 刻骨難忘입니다.
2. 천만 뜻밖에 그대를 만나 죽을 사람을 살려내니 은혜 刻骨難忘이라. 《토끼전》

_____월 _____일 이름 _____

위기·술수

累卵之危　百尺竿頭
四面楚歌　進退兩難
一觸卽發　焦眉之急
風前燈火　如履薄氷
束手無策　雪上加霜
背水之陣　九死一生
甘言利說　巧言令色
羊頭狗肉　口蜜腹劍
三人成虎　朝三暮四
指鹿爲馬　狐假虎威
曲學阿世　鷄鳴狗盜
遠交近攻　養虎遺患

楚漢誌(초한지) 故事成語(고사성어)

- 乾坤一擲(건곤일척)
  → 勝敗(승패)와 興亡(흥망)을 걸고 마지막으로 결행하는 단판승부.
- 一敗塗地(일패도지)
  → 한 번 싸움에 패하여 땅에 떨어진다는 뜻으로, 여지없이 패하여 다시는 일어설 수 없음.
- 捲土重來(권토중래)
  → 한 번 싸움에 패하였다가 다시 힘을 길러 쳐들어오는 일, 또는 어떤 일에 실패한 뒤 다시 힘을 쌓아 그 일에 재차 착수하는 일.
- 錦衣夜行(금의야행)
  → 비단옷 입고 밤에 걸어다닌다는 뜻으로, 자기가 아무리 잘하여도 남이 알아주지 못한다는 말.
- 錦衣還鄕(금의환향)
  → (   )
- 多多益善(다다익선)
  → (   )
- 兎死狗烹(토사구팽)
  → 교활한 토끼가 잡히고 나면 충실했던 사냥개도 쓸모가 없어져 잡아먹게 됨.
- 破釜沈舟(파부침주)
  → 밥 지을 솥을 깨부수고 돌아갈 때 타고 갈 배를 침몰시킨다는 뜻으로, 살아 돌아오기를 기약하지 않고 결사적 각오로 싸우겠다는 굳은 결의.
- 四面楚歌(사면초가)
  → (   )

▣ 위 빈칸을 채워보세요.

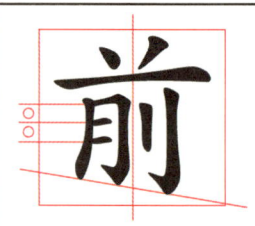 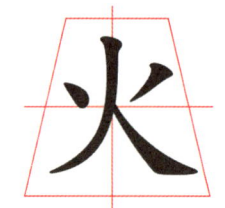  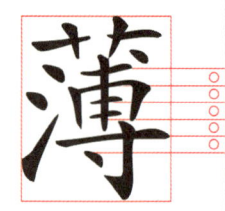

丶丷丛广广广肯肯前前　　　　　　　亅亅冫冫氷

風前燈火　　　　　　如履薄氷

| 바람 풍 | 앞 전 | 등불 등 | 불 화 | 같을 여 | 밟을 리 | 엷을 박 | 얼음 빙 |

바람 앞의 등불
⇒ 존망이 달린 매우 위급한 처지를 비유하는 말

엷은 얼음을 밟는 것 같음
⇒ 아슬아슬하고 위험한 일을 비유하는 말

風前燈火　　　　　　如履薄氷

〈유사〉風前燈燭(풍전등촉), 風前之燈(풍전지등)
　　　　百尺竿頭(백척간두), 累卵之勢(누란지세)
〈활용〉국가의 운명이 風前燈火에 처했다.
　　　　風前燈火에 처한 나라를 구하기 위해 자원입대하였다.

〈유래〉《시경》〈小旻(소민)〉편에 포악한 정치를 풍자하여,
　　　　"戰戰兢兢(전전긍긍) : 두려워하며 조심하기를,
　　　　如臨深淵(여림심연) : 마치 깊은 연못에 임하듯 하고,
　　　　如履薄氷(여리박빙) : 살얼음을 밟듯 하네."
　　　　라고 한 데에서 유래.

_____월 _____일 이름 _____

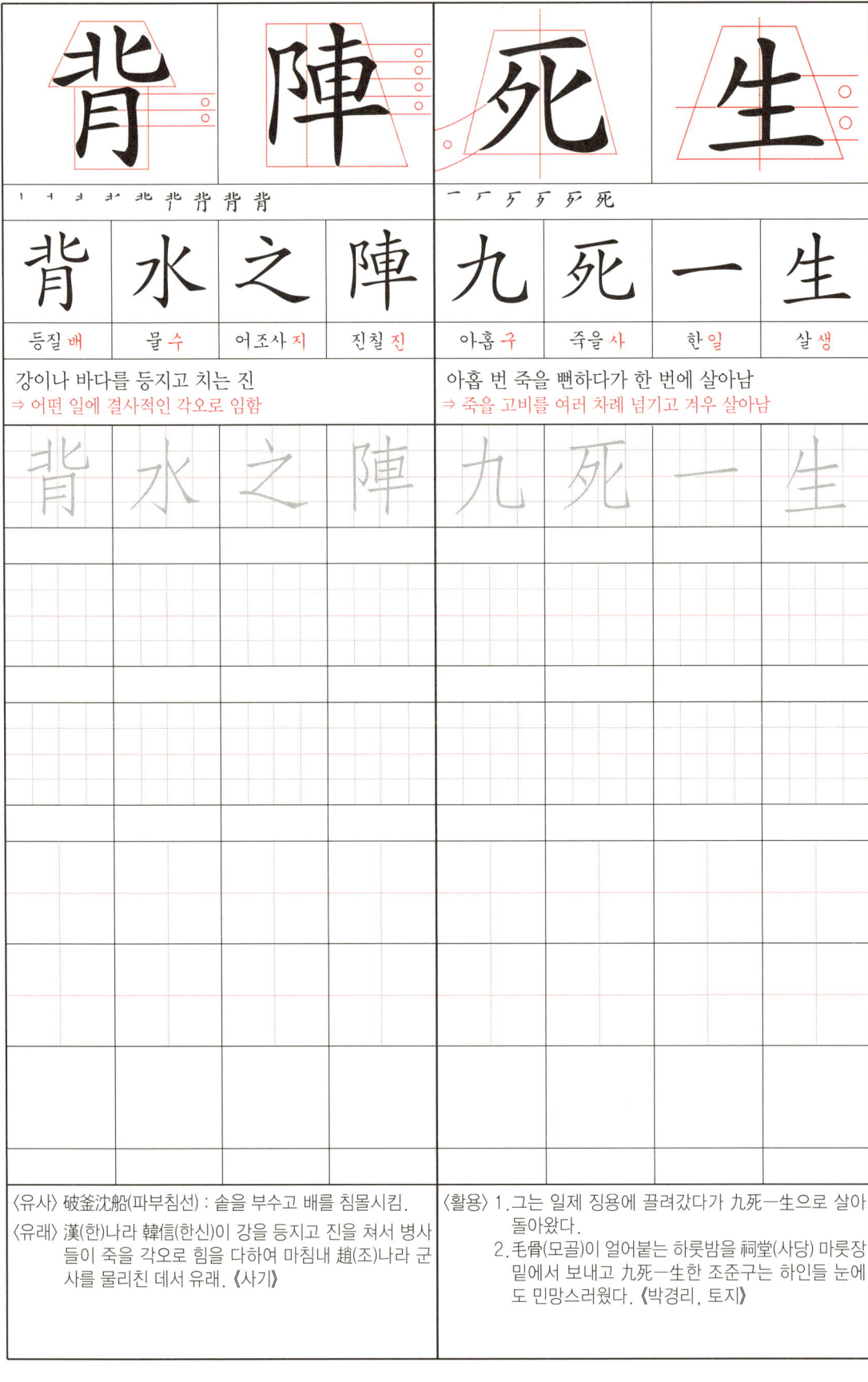

鹿 爲 狐 假

一 十 扌 扩 扩 扩 指 指 指 　　　ノ 亻 亻 亻 亻 伫 伫 伫 假 假

指 鹿 爲 馬　　　狐 假 虎 威

가리킬 **지**　사슴 **록**　할 **위**　말 **마**　　여우 **호**　빌릴 **가**　범 **호**　위엄 **위**

사슴을 가리켜서 말이라고 함　　　　　　여우가 호랑이의 위엄을 빌림
⇒ 윗사람을 농락하여 권세를 마음대로 휘두름　⇒ 남의 권세를 빌려 위세를 부림

指鹿爲馬　　　狐假虎威

〈유래〉 중국 秦(진)나라 趙高(조고)가 자신의 권세를 시험하고자 2세황제에게 사슴을 가리키며 말이라고 한 데서 유래. 《사기》

〈활용〉 指鹿爲馬는 모순된 것을 끝까지 억지로 우겨서 남을 속이려는 짓을 비유하는 말로 쓰일 때도 있다.

〈유래〉 楚(초)나라 宣王(선왕)이 승상 昭奚恤(소해휼)에 대해 묻자, 신하 江乙(강을)이 소해휼은 여우같이 교활한 사람이라고 비유한 말에서 유래. 《전국책》

〈참고〉 남에게 이용당하면서도 눈치 채지 못하는 포악한 자의 어리석음.

_____ 월 _____ 일　이름 _____

遠交近攻

멀 원 / 사귈 교 / 가까울 근 / 칠 공

먼 나라는 친선을 맺고 가까운 나라는 공격함
⇒ 중국 전국시대의 외교 정책

養虎遺患

기를 양 / 범 호 / 남길 유 / 근심 환

범을 길러 근심을 남김
⇒ 화근이 될 것을 길러서 후환을 당하게 됨

〈유래〉 范雎(범수)가 秦(진)나라의 昭襄王(소양왕)에게 진언한 계책으로 천하통일에 기여함. 소양왕은 이 말을 받아들여 齊(제)·燕(연)·楚(초)에 대한 공격을 멈추고, 韓(한)·魏(위)·趙(조) 3국을 공격하였다고 함. 《전국책》

〈유래〉 漢(한)나라 張良(장량)과 陳平(진평)이 유방에게 "漢(한)나라는 천하의 반을 차지했고, 제후들과 인심도 우리 편입니다. 그러나 초나라 군대는 지쳤고 식량도 모자라니 이는 초나라를 멸망시킬 수 있는 절호의 기회입니다. 지금 공격하지 않으면 이는 養虎遺患이 될 것입니다."라고 한 데서 유래. 《사기》

_____월 _____일 이름 _____

대처 · 배려

亡羊補牢　有備無患
姑息之計　下石上臺
凍足放尿　臨機應變
泣斬馬謖　先公後私
易地思之　十匙一飯
殺身成仁　見危致命
吳越同舟　吾鼻三尺
傍若無人　眼下無人
乾坤一擲　捲土重來
頂門一鍼　拔本塞源
結者解之　以熱治熱
孤掌難鳴　弄瓦之慶

囊中之錐(낭중지추)

주머니 속의 송곳으로, 재주가 뛰어나면 저절로 밖으로 드러나게 된다는 뜻.

    趙(조)나라 惠文王(혜문왕)의 동생인 平原君(평원군) 趙勝(조승)은 당시 齊(제)의 孟嘗君(맹상군), 魏(위)의 信陵君(신릉군), 楚(초)의 春申君(춘신군)과 더불어 그 위세를 떨쳤는데, 인재들을 후대하여 몰려온 食客(식객)들이 수천 명에 달했다.
    당시 강대국이었던 秦(진)이 조나라를 공격하여 도읍인 邯鄲(한단)을 포위하자, 조나라에서는 평원군을 초나라에 파견하여 동맹을 맺어 위기를 극복하고자 했다. 평원군은 자신이 거느리던 식객 중에서 문무의 덕을 겸비한 사람 20명과 동행하려고 했는데, 19명까지는 선발했지만 나머지 한 사람이 부족했다. 그러자 식객 중에서 毛遂(모수)라는 사람이 나서서, 가담하겠다고 하자, 평원군이 물었다.
    "선생은 우리 집에 와서 몇 해나 되었습니까?"
    "이제 3년이 됩니다."
    "대저 현명한 사람은 세상에 있으면, 마치 주머니 속의 송곳[囊中之錐]과 같아서, 그 끝이 반드시 나타나게 되는 것입니다. 그런데 선생은 우리 집에 와서 3년이나 되었는데도 선생의 뛰어난 점을 들은 적이 없습니다. 결국 선생은 능력이 없는 것입니다."
    그러자 모수가 이렇게 말했다.
    "저는 오늘 처음으로 주머니 속에 넣어달라고 원하는 것입니다. 만일 일찍부터 주머니 속에 넣어주었더라면, 송곳의 끝뿐만이 아니라 송곳자루까지 나왔을 것입니다."
    이리하여 모수는 20명 중에 가담하여 함께 초나라로 가서, 동맹을 맺는 문제가 어려움을 만날 때마다 그의 용기와 설득력으로 성공시켰다.

■ 생각해보기

1. 나의 숨겨진 재능이나 재능을 발휘한 경험을 말해보자.

2. 우리 반에서 모수와 같은 재능을 가진 친구를 찾아보자.

3. 자신을 남에게 알리고 싶을 때 어떤 방법으로 하겠는가?

| 잃을 망 | 양 양 | 기울 보 | 우리 뢰 | 있을 유 | 갖출 비 | 없을 무 | 근심 환 |

양을 잃고 우리를 고침
⇒ 이미 일이 실패한 뒤에 뉘우쳐도 아무 소용없음

미리 준비가 되어 있으면 근심할 것이 없음

〈유사〉晚時之歎(만시지탄), 死後藥方文(사후약방문).
〈대립〉有備無患(유비무환), 居安思危(거안사위).
〈활용〉亡羊補牢는 실패한 뒤에 빨리 뉘우치고 일에 대비하는 것을 비유하는 말로 쓰일 때가 있다.

〈유사〉居安思危(거안사위) : 편안할 적에도 위태할 때를 생각함.
〈유래〉중국 殷(은)나라의 재상 傅說(부열)이 高宗(고종) 임금에게 올린 말. 《서경》
〈대립〉死後藥方文(사후약방문) : 죽은 뒤의 약처방문.
亡羊補牢(망양보뢰)

_____월 _____일 이름 _____

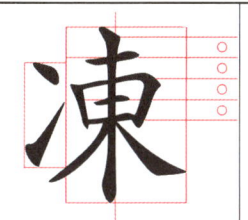  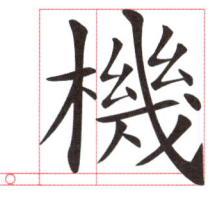 

丶 亠 亠 方 方 扩 扩 放　　　亠 广 广 广 庐 庐 庐 庐 庠 雁 雁 應 應 應

凍	足	放	尿	臨	機	應	變
얼 동	발 족	놓을 방	오줌 뇨	임할 림	때 기	응할 응	변할 변

언 발에 오줌 누기
⇒ 잠시의 효력만 있을 뿐, 마침내 더 나쁘게 됨

그때그때에 임하여 적절하게 반응하고 변통함
⇒ 어떤 일을 당하여 형편에 알맞게 일을 처리함

〈유사〉 1. 姑息之計(고식지계) : 당장 편한 것만 택하는 꾀나 방법.
2. 彌縫策(미봉책) : 임시로 꿰매는 계책.
3. 下石上臺(하석상대) : 아랫돌 빼어 윗돌에 굄.
〈활용〉 최근 수도권의 각종 교통정책을 보면 凍足放尿인 격이다.

〈유래〉 중국 晉(진)나라 孫楚(손초)를 평하여, "나라와 백성을 다스리는 방책이 뛰어났고, 임기응변이 무궁하였다(廟算之勝 應變無窮 : 묘산지승 응변무궁)"고 한 말에서 유래. 《晉書(진서)》
〈활용〉 소비자들의 불만 제기에 臨機應變식으로 대응하기보다는 정확한 원인규명과 완벽한 후속조치가 필요하다.

_____ 월 _____ 일 이름 _____

대처·배려 _87

易	地	思	之	十	匙	一	飯
바꿀 역	땅 지	생각할 사	어조사 지	열 십	숟가락 시	한 일	밥 반

처지를 바꾸어 생각함
⇒ 상대방의 처지에서 생각해봄

밥 열 술이 한 그릇 밥이 됨
⇒ 여럿이 조금씩 힘을 합하면 한 사람을 돕기 쉬움

〈참고〉 **易자의 쓰임**
    (역) 바꾸다, 고치다 : 易姓革命(역성혁명), 易子教之(역자교지).
    (역) 주역, 역학 : 周易(주역), 易占(역점).
    (이) 쉽다 : 難易度(난이도), 易習(이습).
〈활용〉 배려의 시작은 易地思之이다.

〈유래〉 한역속담인 十飯一匙 還成一飯(십반일시 환성일반 : 밥 열 그릇의 한 술씩 밥이 다시 밥 한 그릇이 된다)의 준말.
〈활용〉 차제에 우리가 十匙一飯으로 몇 푼씩 모아 그이 송덕비를 세워 드리자는 것입니다. 《송기숙, 녹두장군》

_____월 _____일   이름 _____

吳	越	同	舟	吾	鼻	三	尺
오나라 오	월나라 월	같을 동	배 주	나 오	코 비	석 삼	자 척

오나라 사람과 월나라 사람이 배를 함께 탐
⇒ 서로 敵意(적의)를 품은 사람들이 협력해야 하는 상황

내 코가 석 자
⇒ 자기 사정이 급하여 남을 돌볼 겨를이 없음

〈유래〉孫子(손자)가 "夫吳人與越人 相惡也 當其同舟而濟遇風 其相救也 加左右手(부오인여월인 상오야 당기동주 이제우풍 기상구야 가좌우수 : 오나라 사람과 월나라 사람은 서로 미워하지만, 그들이 같은 배를 타고 가다가 풍랑을 만나게 되면 서로 돕기를 왼손과 오른손이 함께 협력하듯이 한다)"고 한 말에서 유래. 《손자(孫子)》

〈유사〉自顧不暇(자고불가) : 자신을 돌볼 겨를이 없음.
〈유래〉吾鼻涕垂三尺(오비체수삼척 : 자기 콧물이 석 자나 길게 흘러도 닦을 겨를도 없다)의 준말로, 困境(곤경)에 처해 자기 일도 해결하기 어려운 판국에 어찌 남을 도울 여지가 있겠느냐는 말. 韓·中·日 3국에서 모두 유사하게 쓰이고 있다.

_____월 _____일 이름 _____

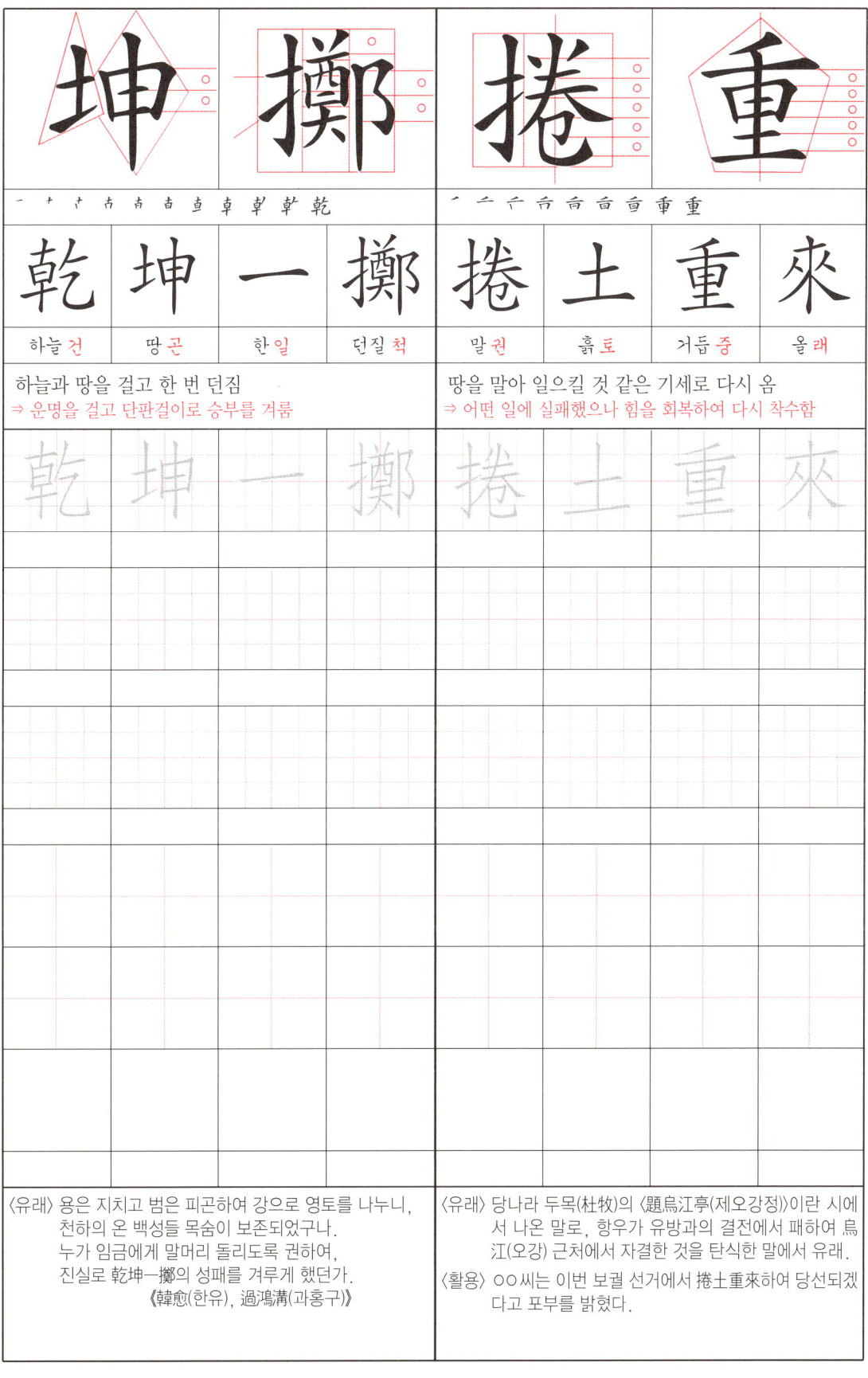

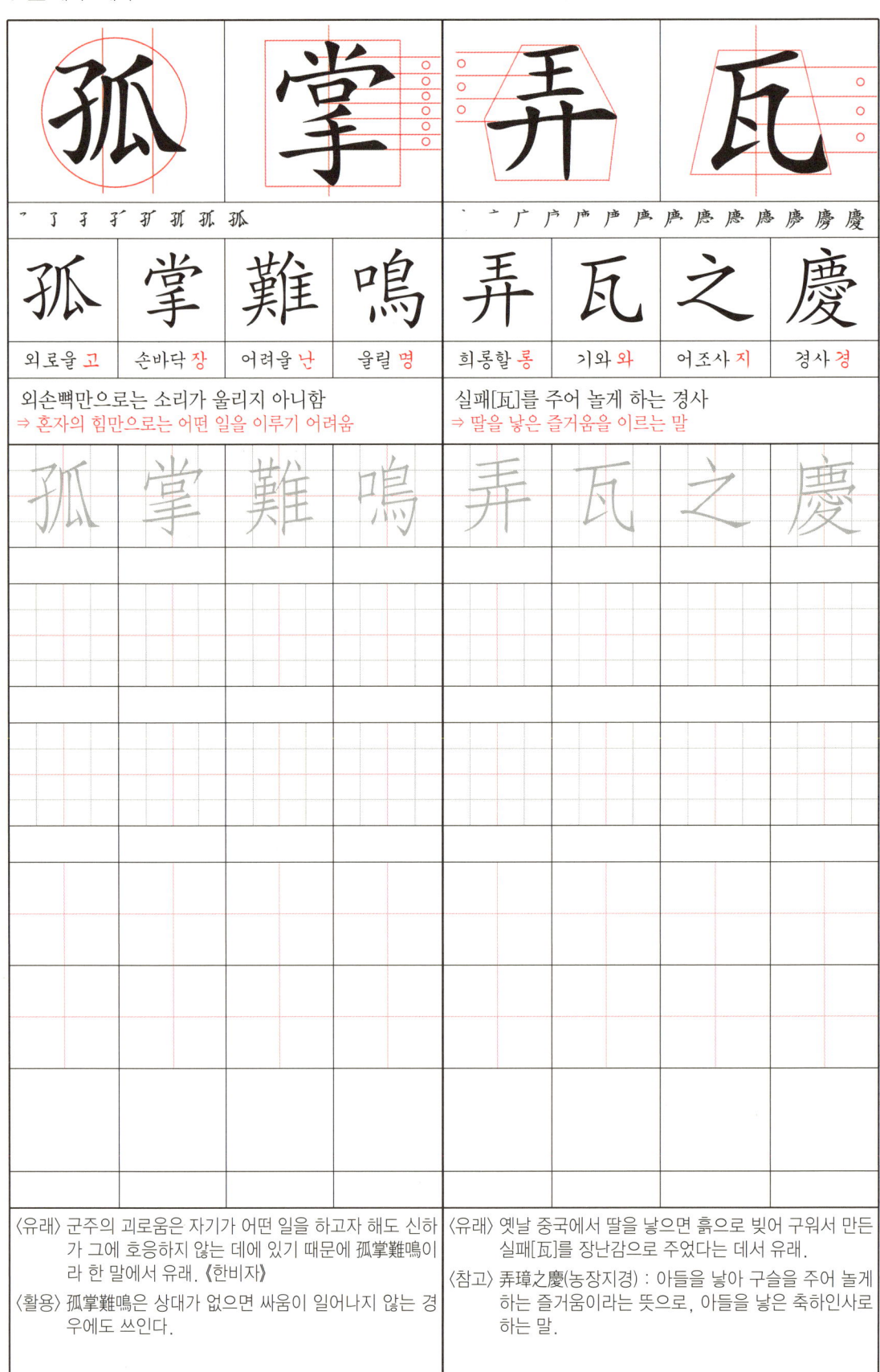

세태·상황

晚時之歎	麥秀之嘆	苛斂誅求	塗炭之苦
酒池肉林	焚書坑儒	鼓腹擊壤	與民同樂
五里霧中	明若觀火	我田引水	甘呑苦吐
袖手傍觀	附和雷同	類類相從	草綠同色
泥田鬪狗	一魚濁水	賊反荷杖	主客顚倒
朝變夕改	兎死狗烹	一石二鳥	漁父之利
同病相憐	同床異夢	九牛一毛	鳥足之血
名實相符	有名無實	邯鄲之夢	一場春夢
破竹之勢	衆寡不敵	塞翁之馬	轉禍爲福
烏飛梨落	鷄卵有骨	同價紅裳	多多益善
馬耳東風	走馬看山	表裏不同	厚顔無恥
千慮一失	小貪大失	言中有骨	咸興差使

漢字語의 짜임

1. 주술 관계【주어 ‖ 서술어】: '주어 + 서술어' 관계로 이루어진 한자어.
   예) 山高, 日沒, 烏飛梨落.

2. 술목 관계【서술어 | 목적어】: '서술어 + 목적어' 관계로 이루어진 한자어.
   예) 讀書, 植木, 敬老孝親.

3. 술보 관계【서술어 / 보어】: '서술어 + 보어' 관계로 이루어진 한자어.
   예) 登山, 非常, 難兄難弟.

4. 수식 관계【修飾語(수식어)→被修飾語(피수식어)】: '꾸미는 말(수식어)'과 '꾸밈받는 말(피수식어)'의 관계로 이루어진 한자어.
   예) 古典, 獨白, 淸風明月.

5. 병렬 관계【한자 + 한자】: 같은 성분의 한자끼리 나란히 짝지어진 한자어. 병렬 관계를 세분하면 대립, 유사, 대등, 疊語(첩어) 관계로 나눌 수 있다.
   - 대립 관계【한자↔한자】: 뜻이 서로 반대인 한자끼리 이루어진 한자어.
     예) 大小, 天地, 前後左右.
   - 유사 관계【한자 = 한자】: 뜻이 서로 같거나 비슷한 한자끼리 이루어진 한자어.
     예) 土地, 海洋, 存在, 希望.
   - 대등 관계【한자 - 한자】: 뜻이 서로 대등한 한자끼리 이루어진 한자어.
     예) 父母, 兄弟, 耳目口鼻.
   - 첩어 관계: 같은 글자를 반복하여 이루어진 한자어.
     예) 正正堂堂, 家家戶戶, 自信滿滿.

酒池肉林 / 焚書坑儒

酒: 丶 氵 氵 汀 沪 沂 洒 酒 酒 酒
書: 一 コ ヨ ヨ 聿 聿 書 書 書 書

酒	池	肉	林	焚	書	坑	儒
술 주	못 지	고기 육	수풀 림	태울 분	책 서	묻을 갱	선비 유

술이 못을 이루고 고기가 수풀을 이룸
⇒ 매우 호화스럽고 방탕한 생활을 이르는 말

책을 태우고 유학자를 묻어서 죽임
⇒ 모든 사상 서적을 불태우고 유학자를 매장한 일

〈활용〉 1. 원통제(元統制)가 부임이 된 뒤에 수군 교련은 아니하고 날마다 운주루에는 酒池肉林에 풍악과 잔치로 세월 가는 줄을 모르오. 《박종화, 임진왜란》
2. 독일의 한 보험회사가 우수사원들을 위해 酒池肉林의 난장판 파티를 벌여 논란이 되고 있다고 영국의 BBC 방송이 보도했다.

〈유래〉 승상 李斯(이사)가 秦始皇(진시황)에게 탄압정책을 권유하여 역사와 의술, 농서 등을 제외한 모든 책을 불태우고, 지식이 있는 유학자들을 매장한 사건에서 유래. 《사기》

〈활용〉 진시황의 焚書坑儒는 동서고금에 유래가 없는 사건이다.

세태 · 상황

  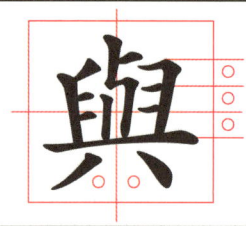 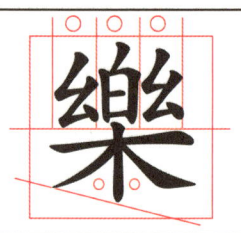

一 十 土 キ 吉 吉 吉 吉 壴 壴 壴 彭 鼓　　ノ ノ ノ ト ド ド 臼 臼 臼 闶 闶 與 與

鼓腹擊壤　與民同樂

| 두드릴 **고** | 배 **복** | 칠 **격** | 흙 **양** | 더불 **여** | 백성 **민** | 같을 **동** | 즐거울 **락** |

배를 두드리고 완구[壤]를 치며 흥겨워함
⇒ 태평성대를 이르는 말

임금이 백성과 더불어 즐거움을 함께함
⇒ 백성과 동고동락하는 통치자의 자세를 비유

鼓腹擊壤　與民同樂

〈유래〉 日出而作 日入而息 鑿井而飲 耕田而食 帝力何有於我哉(일출이작 일입이식 착정이음 경전이식 제력하유어아재) : 해가 뜨면 일하고 해가 지면 쉬네. 우물 파서 마시고 밭을 갈아 먹으니, 임금의 덕이 어찌 나에게 있으랴. 《擊壤歌(격양가)》
〈참고〉 壤(양) : 옛날의 놀이기구로 앞은 넓고 뒤는 좁음, 대체로 섣달에 아이들이 가지고 놀았음.

〈참고〉 與(여)의 쓰임
　1. 주다 : 授與(수여), 貸與(대여), 贈與(증여).
　2. 더불다 : 與民偕樂(여민해락).
　3. 참여하다 : 參與(참여).
〈활용〉 孟子(맹자)가 주장한 王道(왕도)정치가 추구하는 바는 與民同樂이다.

_____ 월 _____ 일　이름 _____

霧 中 若 觀

一丁五五　　　、丶少火

五里霧中　明若觀火

다섯 오 | 거리 리 | 안개 무 | 가운데 중 | 밝을 명 | 같을 약 | 볼 관 | 불 화

5리나 되는 짙은 안개 속
⇒ 무슨 일의 방향이나 갈피를 잡을 수 없음

밝기가 불을 보는 것과 같음
⇒ 더 말할 것 없이 분명하여 의심의 여지가 없음

〈유래〉 중국 後漢(후한) 때의 학자 張楷(장해)는 경전에도 해박하였으며 도술을 잘하여 五里霧(오리무)를 만들었다는 데에서 유래.《후한서》

〈활용〉 광우병이 발생한 지 한 달이 지났으나 그 원인이 五里霧中이다.

〈유사〉 不問可知(불문가지) : 묻지 않아도 알 수 있음.
明明白白(명명백백) : 아주 똑똑하게 나타나거나 명백하다.

〈활용〉 1. 明若觀火한 사실이라서 아무런 변명도 못하였다.
2. 남북한의 학자들끼리 모인 자리에서도 분단의 현실은 明若觀火했다.

___월 ___일 이름 _____

袖手傍觀 (수수방관)

- 袖 소매 수
- 手 손 수
- 傍 곁 방
- 觀 볼 관

소매에 손을 넣고 곁에서 보고 있음
⇒ 관여하지 않고 그대로 내버려두는 것을 이름

附和雷同 (부화뇌동)

- 附 붙을 부
- 和 화할 화
- 雷 우레 뢰
- 同 같을 동

덩달아 화답하기를 우레에 만물이 응함과 같이 함
⇒ 줏대 없이 남의 의견에 따라 움직임

〈유사〉吾不關焉(오불관언) : 내가 상관할 일이 아니다.

〈참고〉속담 : 강 건너 불구경하듯 한다.

〈활용〉김 군수는 군민들이 성문을 열라고 아우성쳐도 시종 袖手傍觀할 뿐, 일언반구 말이 없었다. 《현기영, 변방에 우짖는 새》

〈참고〉**군자와 소인의 차이**
　君子 和而不同(군자 화이부동) : 군자는 화합하지만 부화뇌동하지 않는다.
　小人 同而不和(소인 동이불화) : 소인은 부화뇌동하지만 화합하지 않는다. 《논어》

_____월 _____일　이름 _____

類類相從 / 草綠同色

類 (무리 류) 類 (무리 류) 相 (서로 상) 從 (따를 종)

같은 무리는 서로 따르고 쫓음
⇒ 같은 무리끼리 서로 사귐

草 (풀 초) 綠 (푸를 록) 同 (같을 동) 色 (빛 색)

풀빛과 녹색은 같은 색
⇒ 서로 같은 무리끼리 잘 어울림

〈유래〉齊(제)나라 宣王(선왕)은 지방에 있는 인재가 찾아오게 하였는데, 순우곤이 일곱 명의 인재를 데리고 왔을 때 "너무 많지 않은가?" 하자, 순우곤이 "같은 종의 새가 무리지어 살듯, 인재도 끼리끼리 모입니다. 그러므로 신이 인재를 모으는 것은 강에서 물을 구하는 것과 같습니다" 한 데서 유래. 《전국책》

〈유사〉類類相從(유유상종).
〈참고〉草色(초색)과 綠色(녹색)을 합하여 초록이라 함. 명칭은 다르나 따져보면 한 가지 것이라는 말.
'가재는 게 편이요, 솔개는 매 편이요, 초록은 한 빛.'

_____월 _____일 이름 _____

賊反荷杖

도적 적 / 도리어 반 / 멜 하 / 지팡이 장

도적이 도리어 매를 듦
⇒ 잘못한 사람이 잘못도 없는 사람을 나무람

〈참고〉 물에 빠진 놈 건져놓으니까 내 봇짐 내라 한다.
〈활용〉 賊反荷杖도 유분수지 누구한테 큰소리냐?
사람을 때린 놈이 되레 맞았다고 큰소리니 賊反荷杖도 정도가 있지.

主客顚倒

주인 주 / 손님 객 / 넘어질 전 / 넘어질 도

주인과 손님이 뒤바뀜
⇒ 사물의 경중·선후·완급 따위가 서로 뒤바뀜

〈참고〉 방귀 뀐 놈이 성낸다.
소경이 개천 나무란다.
문비를 거꾸로 붙이고 환쟁이만 나무란다.
* 門裨(문비) : 정월 초하룻날에 악귀를 쫓는 뜻으로 대문에 붙이는 장수의 그림.

朝變夕改

아침 조 · 변할 변 · 저녁 석 · 고칠 개

아침에 변경한 것을 저녁에 고침
⇒ 계획이나 결정 따위를 자주 고침

〈유사〉 朝令暮改(조령모개), 高麗公事三日(고려공사삼일).
〈참고〉 변덕스러운 성질이나 태도뿐만 아니라, 어떤 명령이나 계획을 일정하게 정해놓지 않고 그때그때의 상황에 따라 자주 변경함.

兎死狗烹

토끼 토 · 죽을 사 · 개 구 · 삶을 팽

토끼가 죽으면 사냥개는 삶아짐
⇒ 필요할 때는 쓰고 필요 없을 때는 야박하게 버림

〈유래〉 越(월)나라의 범려는 "飛鳥盡 良弓藏 狡兎死 走狗烹, (비조진 양궁장 교토사 주구팽 : 새 사냥이 끝나면 좋은 활도 감추어지고, 교활한 토끼를 다 잡고 나면 사냥개를 삶아 먹는다)"이라고 말함. 《초한지》

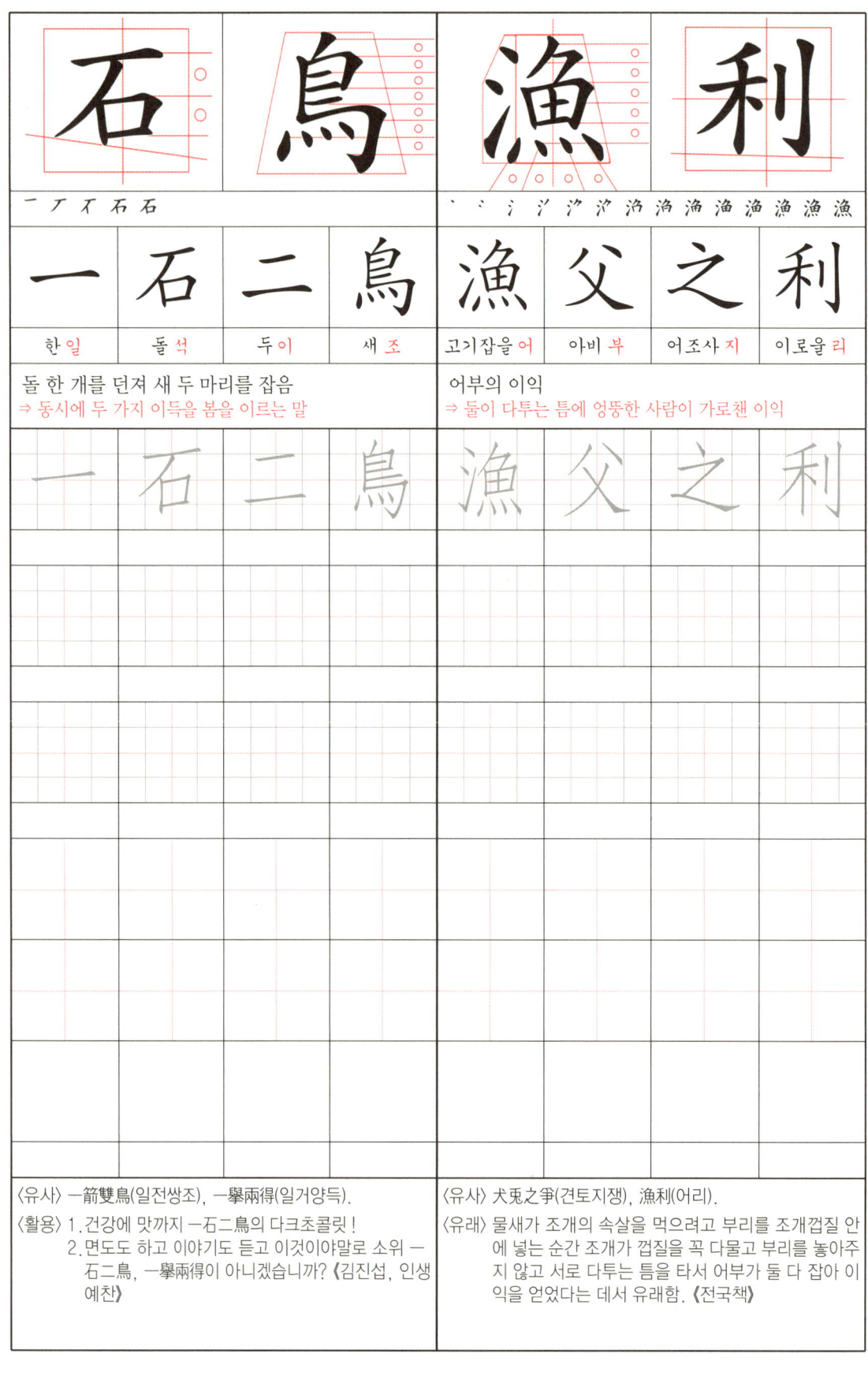

病 憐 床 異

`、 亠 广 广 疒 疒 疒 病 病 病`   `、 亠 广 户 庁 床 床`

同病相憐

| 같을 동 | 질병 병 | 서로 상 | 불쌍할 련 |

같은 병을 앓는 사람끼리 서로 불쌍하게 여김
⇒ 어려운 처지의 사람끼리 서로 가엾게 여김

同床異夢

| 같을 동 | 침상 상 | 다를 이 | 꿈 몽 |

같은 잠자리에서 다른 꿈을 꿈
⇒ 같은 처지에서 저마다 다른 생각을 함

〈유사〉 同憂相救(동우상구) : 같은 근심을 하는 사람끼리 서로 구원해줌.
〈활용〉 同病相憐이라더니, 어려운 처지를 당해보아야 남을 생각할 줄도 알게 되는 법이다.

〈유사〉 同床各夢(동상각몽).
〈활용〉 저들이 지금은 함께 고생하고 있지만 각자 꿍꿍이속들이 있어 서로 同床異夢을 하고 있다.

_____월 _____일   이름 _____

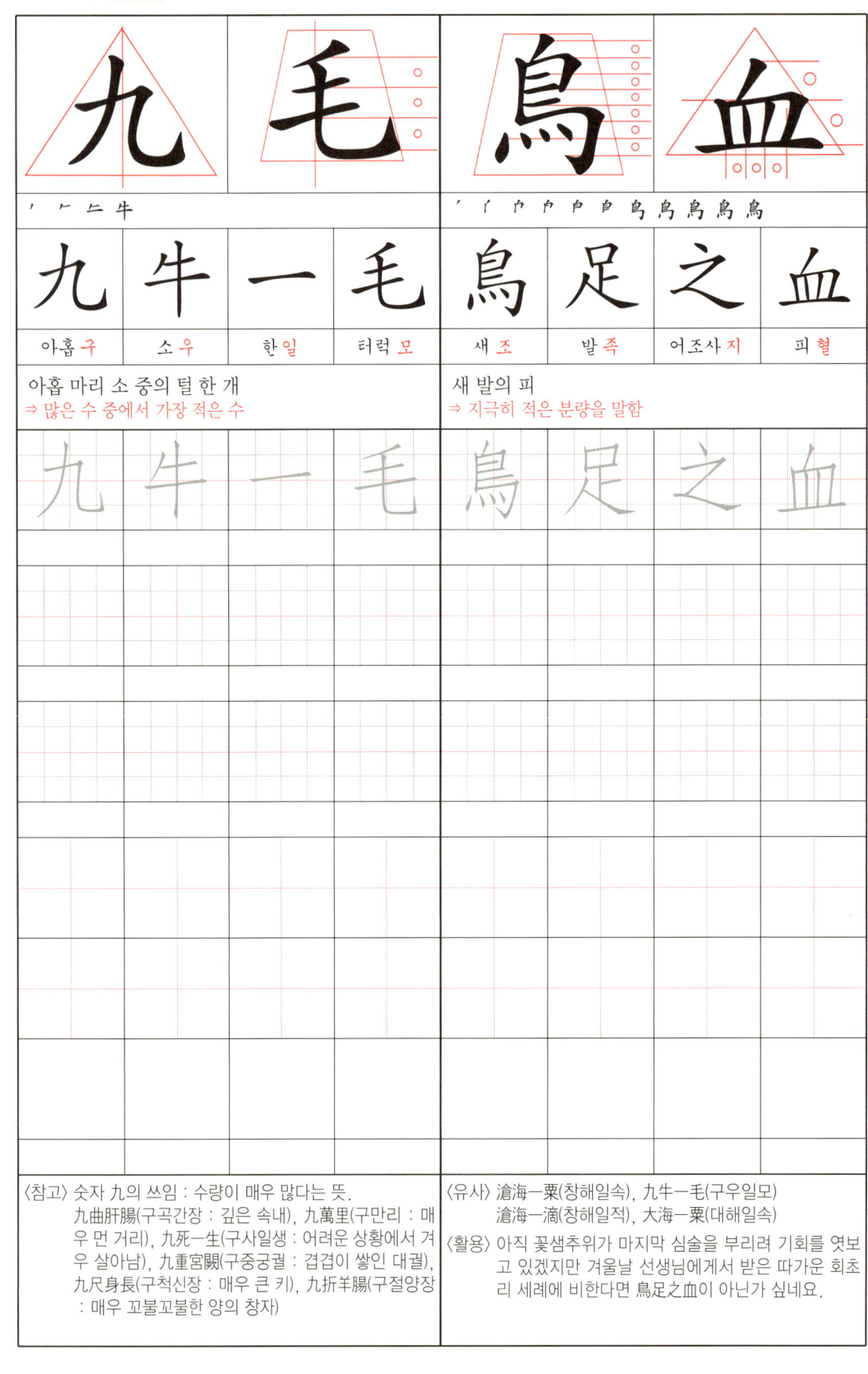

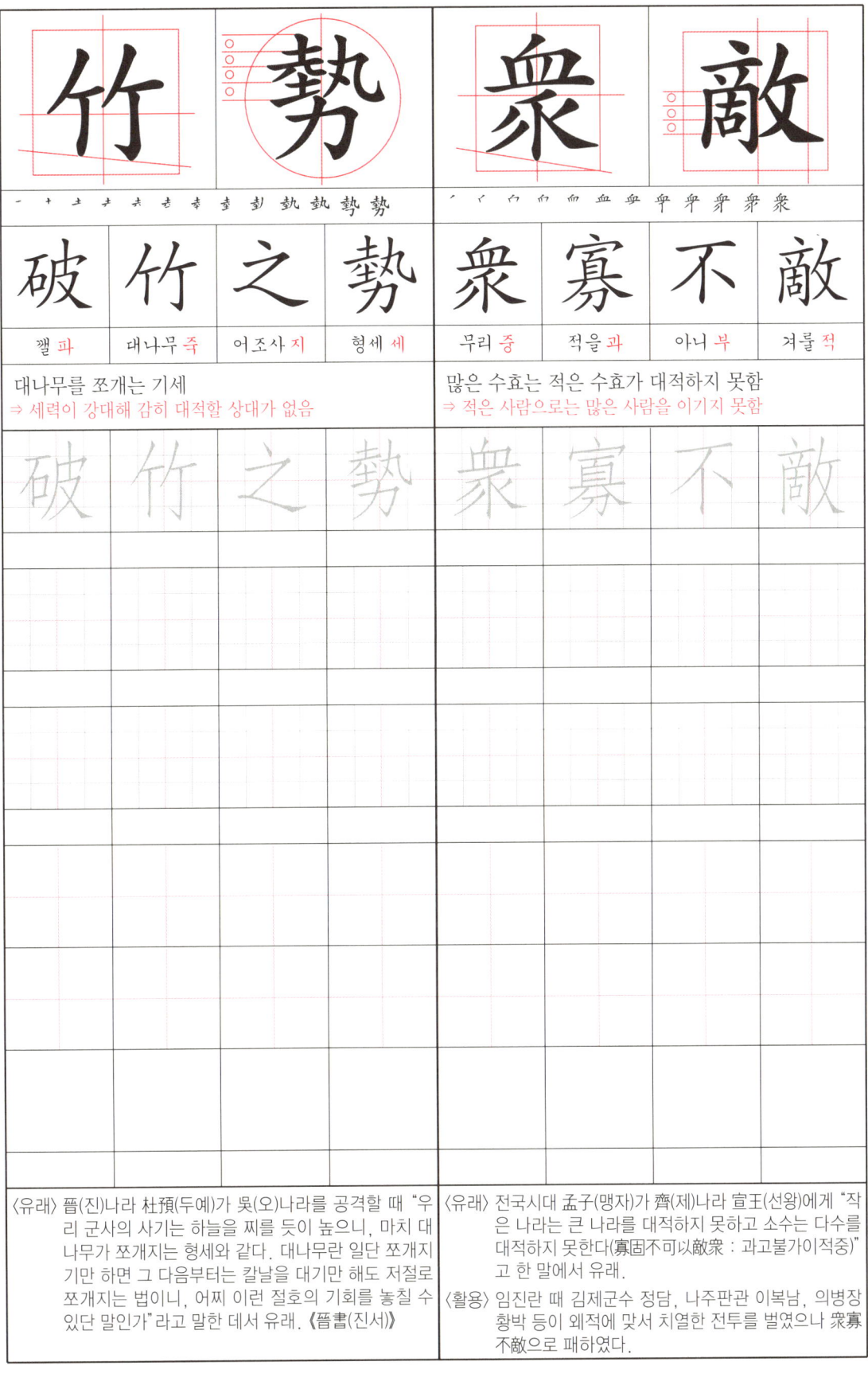

飛 落 鷄 卵

烏	飛	梨	落	鷄	卵	有	骨
까마귀 오	날 비	배 리	떨어질 락	닭 계	알 란	있을 유	뼈 골

까마귀 날자 배 떨어짐
⇒ 공교롭게 때가 같아 억울하게 의심을 받음

계란이 뼈가 있음
⇒ 운수 나쁜 사람은 모처럼 만난 좋은 기회도 일이 공교롭게 뒤틀려짐

〈참고〉瓜田不納履 李下不整冠(과전불납리 리하부정관) : 오이밭에서는 신을 고쳐 신지 말고, 오얏나무 아래에서는 갓을 정돈하지 말라는 뜻으로, 불필요한 행동을 하여 다른 사람에게 오해를 받지 말라는 말.

〈활용〉烏飛梨落의 교훈을 명심하여 오해하지 않게 처신해야지.

〈유래〉세종대왕이 가난한 황희 정승을 위해 어느 날 남대문에 들어오는 물건을 모두 사서 주겠다고 했는데, 그 날따라 폭풍우가 몰아쳐서 해질 무렵에 겨우 시골농부가 들고 오는 계란 한 꾸러미만 사주었는데 그 계란이 모두 곯아서 먹지 못했다고 함.《송남잡지》

〈참고〉借音(차음) : 곯다의 '곯-'을 骨(골)자로 보아, '곯아있다'를 漢譯하여 有骨(유골)이라 함.

同	價	紅	裳	多	多	益	善
같을 동	값 가	붉을 홍	치마 상	많을 다	많을 다	더할 익	착할 선

같은 값이면 다홍치마
⇒ 이왕이면 품질이 낫고 마음에 드는 것을 택함

많으면 많을수록 더욱 좋음

〈활용〉 상대방에게 호감을 주는 인상이야말로 비즈니스에서 同價紅裳이다.

〈참고〉 裳과 모양이 비슷한 한자
尙(오히려 상), 常(항상 상), 堂(집 당), 當(마땅 당), 掌(손바닥 장), 賞(상줄 상), 價(값을 상), 嘗(맛볼 상), 黨(무리 당).

〈유래〉 중국 漢(한)나라 장수 韓信(한신)이 高祖(고조) 황제와 장수의 역량에 대하여 얘기할 때, 고조는 10만 정도를 지휘할 수 있는 그릇이지만 자신은 병사의 수가 많을수록 좋다고 한 말에서 유래. 《한서》

〈활용〉 돈이란 多多益善이니 많이 주면 줄수록 좋다.

___월 ___일 이름 _____

一丁丆丆耳耳　　　　　　　一二三手耒看看看看

馬	耳	東	風	走	馬	看	山
말 마	귀 이	동녘 동	바람 풍	달릴 주	말 마	볼 간	뫼 산

말 귀에 봄바람[東風]
⇒ 남의 말을 귀담아 듣지 않고 흘려버림

말을 타고 달리면서 산천을 구경함
⇒ 자세히 보지 못하고 대충 보고 지나감을 비유

〈활용〉 1. 아닌 게 아니라, 수차 그런 권고를 했는데 馬耳東風이니, 딱하지요. 《토지》
2. 2005년 이후 7년째 계속 UN 총회에서 북한인권결의가 채택되고 있지만 북한은 馬耳東風이다.

〈참고〉 수박 겉 핥기 : 맛있는 수박을 먹는다는 것이 딱딱한 겉만 핥고 있다는 뜻으로, 사물의 속 내용은 모르고 겉만 건드리는 일을 비유적으로 이르는 말. 꿀단지 겉 핥기.

〈활용〉 5일 동안 중국 여행을 하였는데 너무 바빠 走馬看山 격으로 둘러보기만 했다.

___월 ___일 이름 _____

千慮一失

| 일천 천 | 생각할 려 | 한 일 | 잃을 실 |

천 가지 생각 중에 한 가지 실수
⇒ 지혜로운 사람도 많은 생각 중에 한 번쯤 잘못이 있음

小貪大失

| 작을 소 | 탐할 탐 | 큰 대 | 잃을 실 |

작은 것을 탐하다가 큰 것을 잃음
⇒ 작은 이득을 취하려다 오히려 큰 손실을 입음

〈유사〉智者一失(지자일실).
〈대립〉千慮一得(천려일득), 愚者一得(우자일득).
〈참고〉智者千慮 必有一失(지자천려 필유일실) : 지혜로운 자가 천 번 생각함에 반드시 한 번쯤 잘못이 있음. 《사기》

〈유사〉以小失大(이소실대) : 작은 것 때문에 큰 것을 잃음.
〈참고〉矯角殺牛(교각살우) : 뿔을 바로잡으려다가 소를 죽인다는 뜻으로, 사소한 잘못을 고치려다 오히려 일을 크게 망침.

_____ 월 _____ 일   이름 _____

단문

終身之計　莫如敎子
無足之言　飛于千里
三歲之習　至于八十
水深可知　人心難知
幼而不學　老無所知
逐彼山兎　竝失家兎
不入虎穴　不得虎子
知彼知己　百戰不殆
匹夫見辱　拔劍而起
父母出入　每必起立
出入門戶　開閉必恭
父母責之　反省勿怨
先生施敎　弟子是則
人無責友　易陷不義
見善從之　知過必改
容貌端正　衣帶整齊
己所不欲　勿施於人
積善之家　必有餘慶

漢文 문장의 기본 구조

1. 주술 구조 : '주어‖서술어'로 이루어진 구조이며, '~이(가) ~하다(이다)'로 풀이한다.
    예) 天‖高, 馬‖肥 : 하늘이 높고 말이 살찌다.
        李舜臣‖將帥也 : 이순신은 장수이다.

2. 주술목 구조 : '주어‖서술어｜목적어'로 이루어진 구조이며, '~이(가) ~을(를) ~하다'로 풀이한다.
    예) 學生‖受｜業 : 학생이 학업을 받다.

3. 주술보 구조 : '주어‖서술어／보어'로 이루어진 구조이며, '~은(는) ~에(보다, 로, 에게) ~하다(이다)'로 풀이한다.
    예) 我‖登／校 : 내가 학교에 가다.
        事‖必歸／正 : 일은 반드시 바른 데로 돌아간다.

4. 주술목보 구조 : '주어‖서술어｜목적어／보어'로 이루어진 구조이다.
    예) 兄弟‖投｜金／於水 : 형제가 황금을 강물에 던지다.
        學生‖讀｜書／於敎室 : 학생이 교실에서 책을 읽는다.

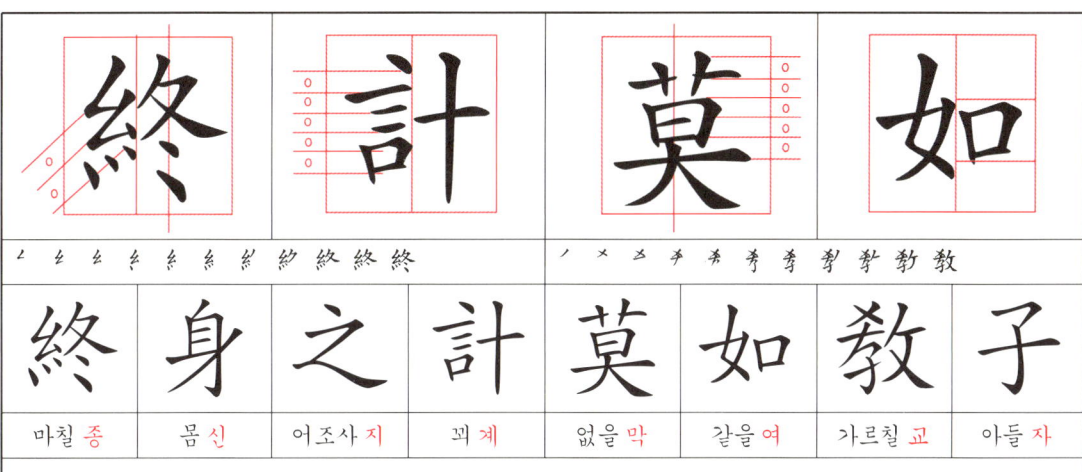

ᄼ ᄽ ᄾ ᄿ ᅀ ᅁ 紆 紋 終 終　　　ノ ㄨ ㄥ 숙 숙 苎 苎 韜 朝 敎 敎

終	身	之	計	莫	如	敎	子
마칠 종	몸 신	어조사 지	꾀 계	없을 막	같을 여	가르칠 교	아들 자

몸을 마칠 동안(종신)의 계획은 자식을 가르치는 일만 한 것이 없다.

終　身　之　計　莫　如　敎　子

●之의 쓰임
　1. ~의, ~하는.
　2. ~이, ~가.
　3. 그것, 그 사람.
　⇨一年之計 莫如種穀(일년지계 막여종곡) : 1년의 계획은 씨를 뿌리는 것만 한 것이 없다.

●A 莫如 B : A에는 B만 한 것이 없다.
　⇨十年之計 莫如樹木(십년지계 막여수목) : 10년의 계획은 나무를 심는 것만 한 것이 없다.
　⇨至樂莫如讀書 至要莫如敎子(지락막여독서 지요막여교자) : 지극한 즐거움은 독서만 한 것이 없고, 지극히 중요한 것은 자식을 가르치는 것만 한 것이 없다.

_____월 _____일　이름 _____

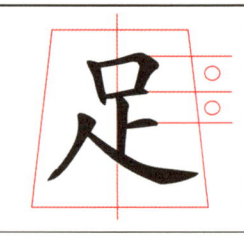   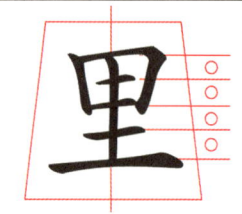

丿 ㄣ 亠 缶 缶 無 無 無 無 無   ㄟ ㄟ ㄟ 飞 飞 飞 飛 飛 飛

無 足 之 言 飛 于 千 里

| 없을 무 | 발 족 | 어조사 지 | 말씀 언 | 날 비 | 어조사 우 | 일천 천 | 마을 리 |

발 없는 말이 천 리에까지 날아간다.

無 足 之 言 飛 于 千 里

● 足의 쓰임
1. 발 족(복사뼈부터 아래쪽).
2. 족할 족(만족함).
⇨ 去言美來言美(거언미래언미)
　가는 말이 고와야 오는 말이 곱다.

● 于의 쓰임
~에(장소), ~에서(유래), ~에게(대상), ~로(이유), ~보다(비교), ~와/과(비교) : =於, =乎.
⇨ 男兒一言重千金(남아일언중천금)
　남자의 한마디 말은 천금보다 귀중하다.

＿＿＿월 ＿＿＿일　이름 ＿＿＿＿＿＿＿＿＿＿

三 歲 之 習 至 于 八 十

석 삼 | 해 세 | 어조사 지 | 익힐 습 | 이를 지 | 어조사 우 | 여덟 팔 | 열 십

세 살 때의 습관이 팔십에까지 이른다. 세 살 버릇 여든 간다.

● 歲:의 쓰임
 1. 해 세(일 년, 풍년, 세월).
 2. 나이 세(연령, 일생).
 ⇨ 寅若不起 日無所爲(인약불기 일무소위)
    새벽에 일어나지 않으면 그날에 할 일이 없다.

● 至의 쓰임
 1. 이를 지(도착함).
    自初至終(자초지종) : 처음부터 끝까지.
 2. 지극할 지.
    至誠感天(지성감천) : 정성이 지극하면 하늘이 감동한다.

_____월 _____일 이름 _____

 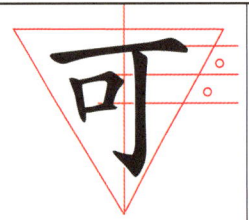 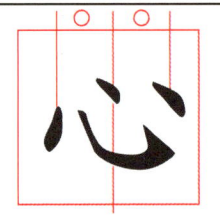 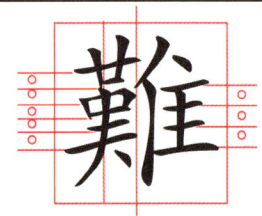

丿 冖 二 チ 矢 知 知 知　　　一 艹 芢 荁 堇 堇 蓳 蕽 蕽 難 難 難

水	深	可	知	人	心	難	知
물수	깊을심	옳을가	알지	사람인	마음심	어려울난	알지

물의 깊이는 알 수 있으나, 사람의 마음은 알기가 어렵다.

● 可 : ~할 수 있다, ~할 만하다, 옳다.
⇨ 破山中賊易 破心中賊難(파산중적이 파심중적난)
　산속의 도적을 잡는 것은 쉽고, 마음속의 도적을 잡는
　것은 어렵다.

● 人心 : 사람의 마음.
⇨ 仁心(인심) : 어진 마음.
　忍心(인심) : 참는 마음.
⇨ 欲量他人 先雖自量(욕량타인 선수자량)
　남을 알려면 먼저 자신을 헤아려야 한다.

___월 ___일 이름 _____

幼而不學 老無所知

어릴 유 | 말이을 이 | 아니 불 | 배울 학 | 늙을 로 | 없을 무 | 바 소 | 알 지

어려서 배우지 않으면, 늙어서 아는 것이 없다.

● 而의 쓰임
 1. 그리고, ~하여, ~하고.
 2. 그러나, ~하여도, ~한데.
 3. 그러니, ~하니.
⇨ 春若不耕 秋無所望(춘약불경 추무소망)
  봄에 밭 갈지 않으면, 가을에 바랄 것이 없다.

● 所의 쓰임
 1. 바 소(방법, 것).
 2. 곳 소(거처, 위치, 경우, 고향, 자리, 마을).
⇨ 人不學 不知道(인불학 부지도)
  사람은 배우지 않으면, 도를 알지 못한다.

____ 월 ____ 일   이름 _____

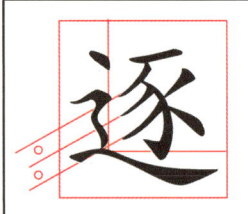 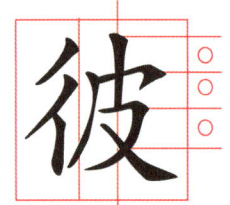  

一 ア 丆 豕 豕 豕 豖 逐 逐 逐　　丶 丷 宀 宀 宀 宁 宇 宇 家 家

逐	彼	山	兎	竝	失	家	兎
쫓을 축	저 피	뫼 산	토끼 토	나란히 병	잃을 실	집 가	토끼 토

저 산토끼를 쫓다가 집토끼마저 잃는다.

● 逐 : 쫓다
1. 逐鹿者不見山(축록자불견산) : 사슴을 쫓다가 산을 보지 못한다.
2. 逐鹿者不顧兎(축록자불고토) : 사슴을 쫓는 자는 토끼를 돌아보지 않는다.
※ 비슷한 글자 : 遂(드디어 수, 이룰 수)

● 失 : 과실, 잘못
失手(실수) : 조심하지 아니하여 잘못함.
過失(과실) : 부주의나 태만 따위에서 비롯된 잘못.

_____월 _____일   이름 _____

  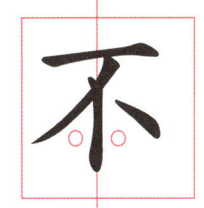 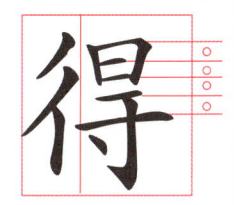

ノ 入   ノ ク 彳 彳 彳 彳 彳 彳 得 得 得

不 入 虎 穴 不 得 虎 子

아니 불 | 들 입 | 범 호 | 구멍 혈 | 아니 부 | 얻을 득 | 범 호 | 아들 자

호랑이 굴에 들어가지 않으면, 호랑이 새끼를 얻지 못한다.

- 不 : 아니 불(~하지 않다)
  未 : 아닐 미(아직 ~이 아니다)
  非 : 아닐 비(~이 아니다)
  無 : 없을 무(~이 없다), 말 무(~하지 말라)
  否 : 아닐 부(~이 아닌가?)
  勿 : 말 물(~하지 말라)

⇨ 뜻하는 성과를 얻으려면 그에 마땅한 일을 하여야 함.
- 得 : 얻을 득(얻다, ~할 수 있다)
  得 + [명사] : [명사]를 얻다.
  得 + [동사] : [동사]를 할 수 있다.

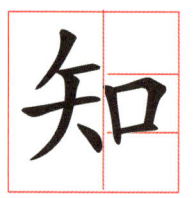

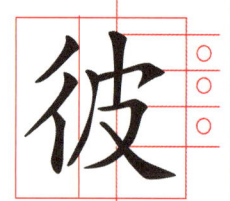

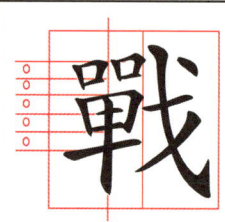

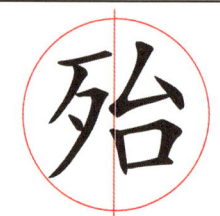

知 彼 戰 殆

丿 𠂊 彳 彳 𢓜 𢓜 𢓜 彼

一 ア 歹 歹 歼 殆 殆 殆 殆

知	彼	知	己	百	戰	不	殆
알 지	저 피	알 지	몸 기	일백 백	싸움 전	아니 불	위태할 태

적을 알고 나를 알면 백 번 싸워도 위태롭지 않다.

知	彼	知	己	百	戰	不	殆

⇨不知彼而知己 一勝一負(부지피이지기 일승일부) : 상대를 알지 못하고 자기만 알면, 한 번 이기고 한 번 진다.

⇨不知彼而不知己 每戰必敗(부지피이부지기 매전필패) : 상대를 알지 못하고 자기도 모르면, 싸울 때마다 반드시 진다.

● 百의 쓰임

1. 일백 백(열의 열배, 모든, 다수)
2. 백번 백(백 번, 여러 번)
3. 힘쓸 맥(힘써 함)

_____월 _____일 이름 ____________________

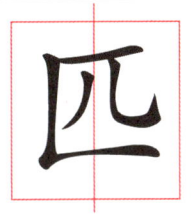   

一ア兀匹　　　一十土キキ耂走走起起起

匹	夫	見	辱	拔	劍	而	起
짝**필**	지아비**부**	볼**견**	욕될**욕**	뽑을**발**	칼**검**	말이을**이**	일어날**기**

보통 사람이 욕을 당하면 칼을 뽑고서 일어난다.

⇨ 小人之勇(소인지용) : 소인의 용기.
　匹夫之勇(필부지용) : 보통 사람의 용기.
　血氣之勇(혈기지용) : 혈기에서 나오는 용기.

● 劍의 쓰임
1. 칼 검(허리에 차는 칼)
2. 죽일 검

⇨ 刀 : 칼 도, 거루 도(칼 모양의 작은 배), 돈이름 도(칼 모양의 돈)
　刃 : 칼날 인

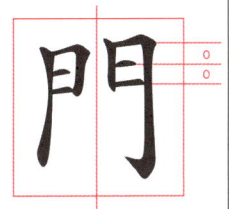 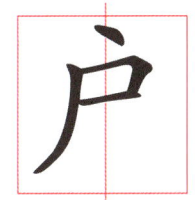 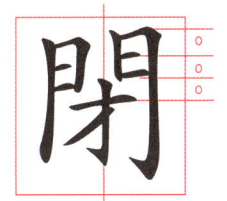 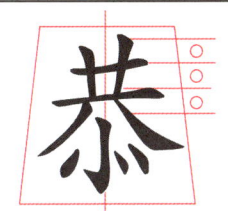

氵 冂 冂 冂 門 門 門				氵 冂 冂 冂 門 門 門 門 閂 閉			
出	入	門	戶	開	閉	必	恭
날 출	들 입	문 문	지게 호	열 개	닫을 폐	반드시 필	공손할 공

출입할 때에 문을 여닫기를 반드시 공손히 하라.

出 入 門 戶 開 閉 必 恭

- ●門의 쓰임
  1. 문 문(집의 외부에 설치한 출입하는 곳)
  2. 집 문(가정, 집안, 가문)
- ●戶의 쓰임
  1. 지게 호(지게문, 문짝, 방의 출입구)
  2. 방 호
  3. 집 호(가옥)

⇨인생을 앞서 살아온 어른을 공경하는 것은 인간다움의 기본이다. 문을 출입할 때 공손해야 한다.

일이 있어 나아가고 물러날 때(出入)
我(나)――――――――――――――長者(장자:어른)
삼가고 공손하게 출입해야 한다(恭遜:공손)

_____월 _____일 이름 _____

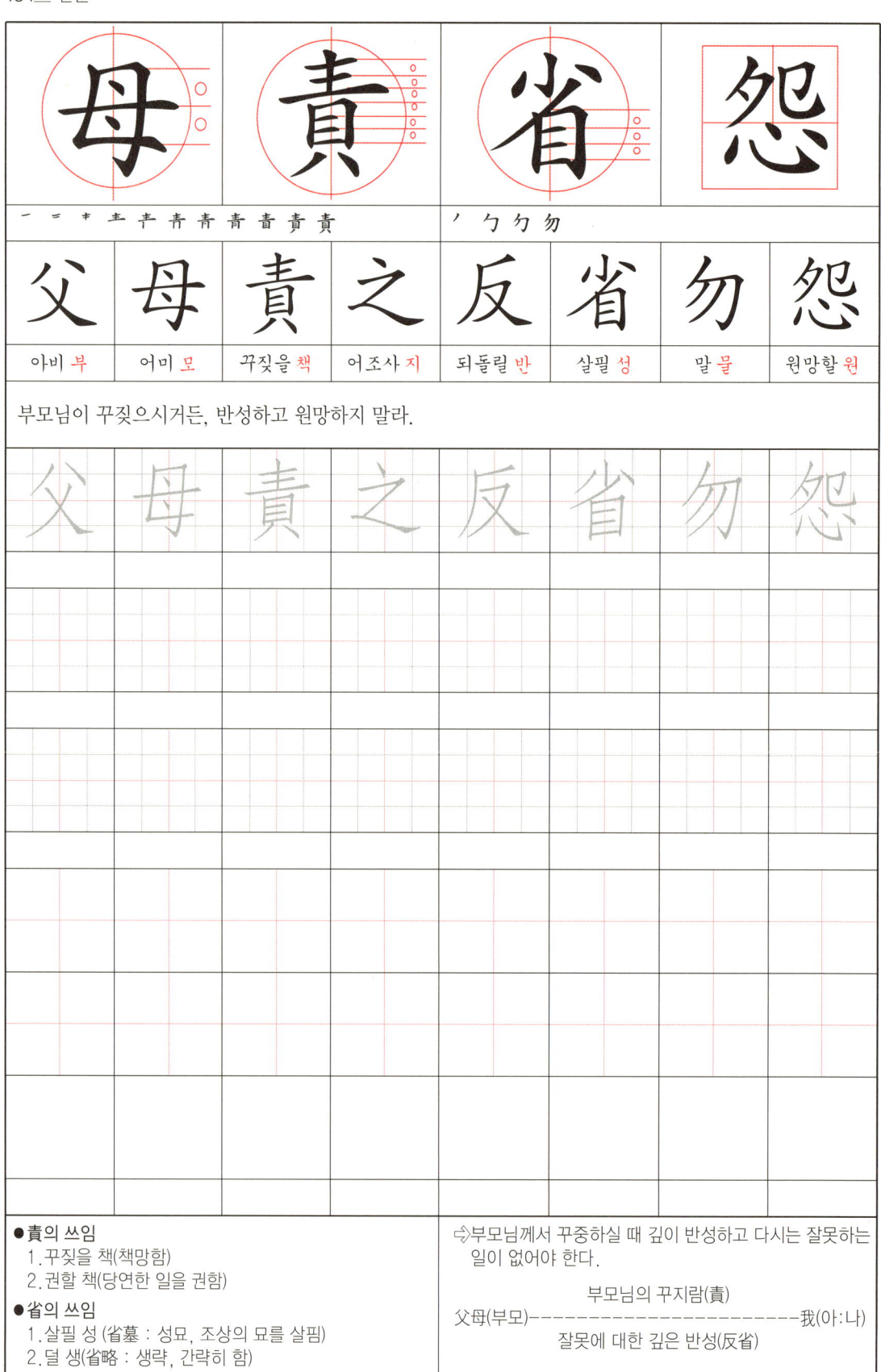

단문 _135

先 教 是 則

ノ ト 屮 生 失 先　　 ' ゛ ゛ ゛ 兰 肖 弟 弟

先 生 施 教 弟 子 是 則

먼저 선　낳을 생　베풀 시　가르칠 교　아우 제　아들 자　이 시　본받을 칙

선생님이 가르치시거든, 제자들은 이를 본받거라.

● 則의 쓰임
1. 곧 즉(~할 때에는, 만일 그렇다면)
2. 법칙 칙(국가의 제도, 자연의 이치)
3. 본받을 칙

⇨ 선생님의 가르침을 따르는 것은 제자의 마땅한 도리이다.

가르침을 베풂

先生(선생)――――――――――弟子(제자)

잘 듣고 따름

_____월 _____일   이름 _____

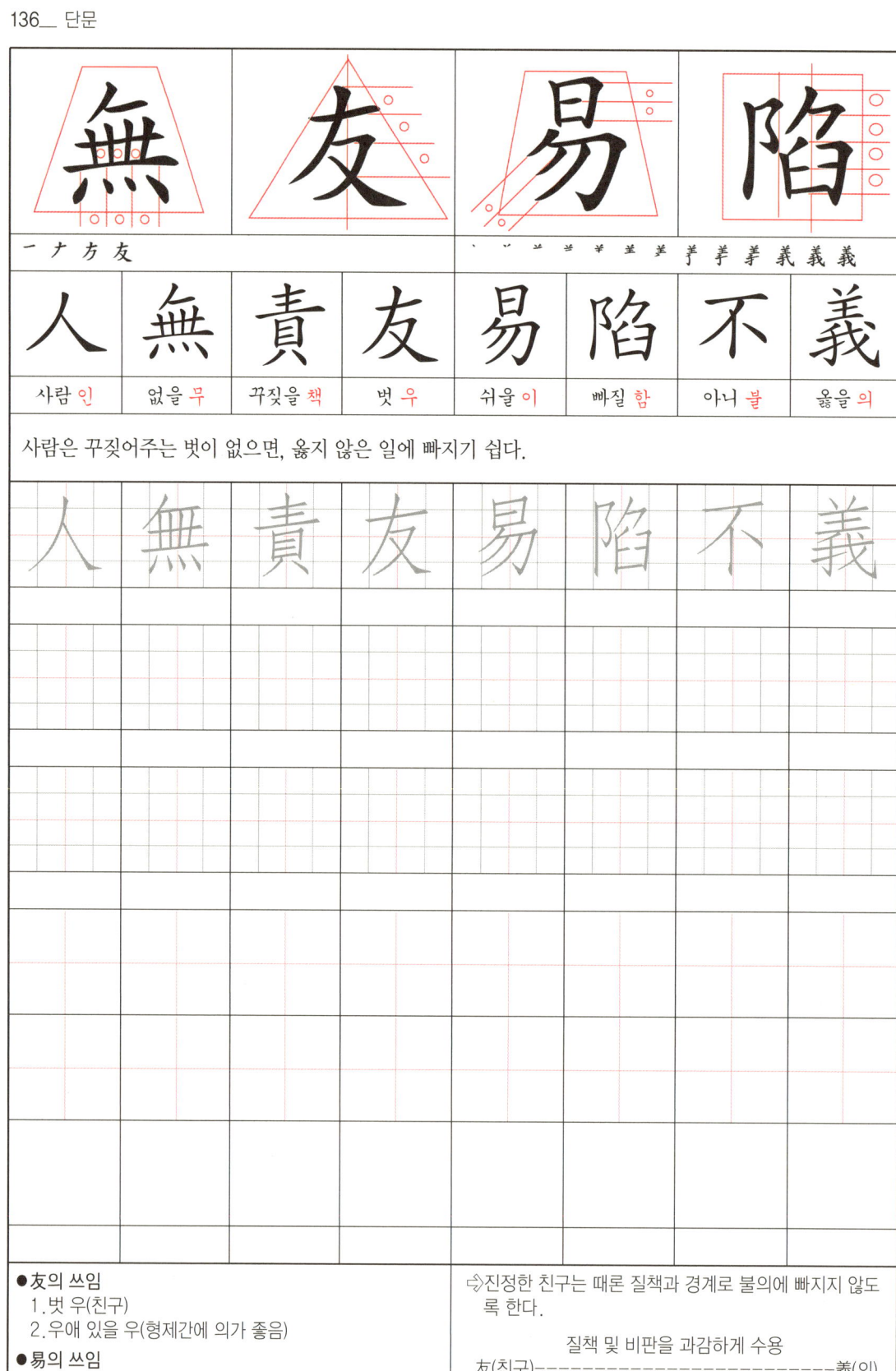

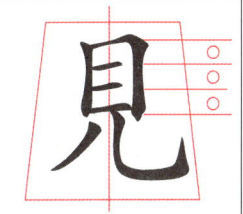 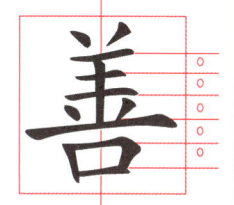 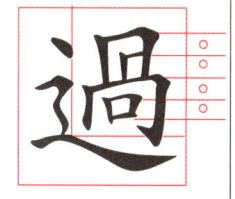 

丿 彳 彳 彳 彳 衤 衤 衫 從　　一 丆 丮 玑 玑 改 改

見	善	從	之	知	過	必	改
볼 견	착할 선	따를 종	어조사 지	알 지	허물 과	반드시 필	고칠 개

착한 일을 보면 따르고, 허물을 알면 반드시 고쳐라.

見 善 從 之 知 過 必 改

● 從의 쓰임
 1. 쫓을 종(따름, 복종함)
 2. 종사할 종(일삼아 함)
● 過의 쓰임
 1. 지날 과(우월함, 건너감, 때가 감)
 2. 지나칠 과(한도를 벗어남)
 3. 잘못할 과(죄를 범함)

⇨ 나의 잘못을 고치는 것은 선행의 시작이요, 올바른 삶의 길이다.

잘못을 알면 개선함(改)
過失(과실:잘못)--------------------從善(착함)
올바른 삶을 위한 선행 추구(善)

_____ 월 _____ 일 이름 _____

容	端	帶	整

丶 冖 宀 穴 容 容 容 容 容 容

一 𠃌 𠃌 帀 束 束 束 敕 敕 敕 整 整 整 整

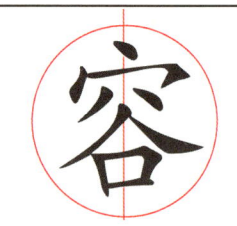

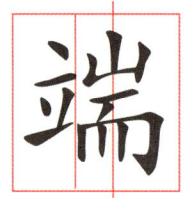

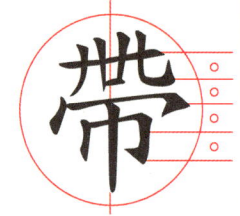

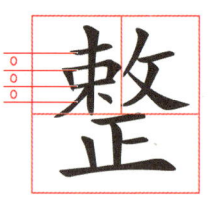

容	貌	端	正	衣	帶	整	齊
얼굴 용	모습 모	단정할 단	바를 정	옷 의	띠 대	가지런할 정	가지런할 제

용모를 단정히 하고, 옷과 허리띠를 가지런히 하라.

容	貌	端	正	衣	帶	整	齊

●端의 쓰임
1. 바를 단(端正 : 단정, 옷차림이나 몸가짐이 바름)
2. 실마리 단(端緖 : 단서, 일의 첫머리)
3. 끝 단(물건의 끝, 종말)

⇨단정한 얼굴과 바른 복장은 자신의 마음가짐에 대한 표현입니다.

바르고 깨끗한 얼굴(端正)
容貌(얼굴)---------------------衣冠(의관:복장)
바르고 가지런한 복장(整齊)

____월 ____일 이름 ________________

 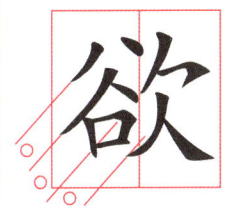  

`丶 ㇉ ㇋ 戶 戶 所 所 所` `丶 ㇋ 方 方 於 於 於`

己	所	不	欲	勿	施	於	人
몸 기	바 소	아니 불	하고자할 욕	말 물	베풀 시	어조사 어	사람 인

자기가 하기 싫어한 것은 남에게 베풀지 말라.

● 己의 쓰임
1. 몸 기(자기 몸, 자아, 사욕)
2. 여섯째 천간 기
⇨ 推己及人(추기급인) : 자신의 처지를 미루어 남에게 미침.

⇨ 남을 배려하는 최고의 마음은 바로 易地思之(역지사지) 하는 것입니다.

내가 하고 싶지 않은 일(不欲)
己(자기)――――――――――――――人(타인)
易地思之(역지사지)의 자세 필요

_____월 _____일   이름 _____

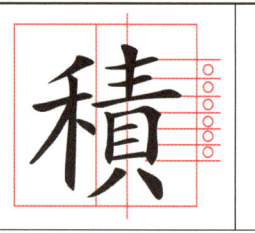   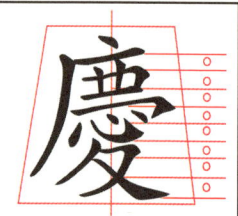

丶二千千禾禾秆秆秸積積積　　ノ人へ今令合合會曾飠飩飿餘餘

積	善	之	家	必	有	餘	慶
쌓을 적	착할 선	어조사 지	집 가	반드시 필	있을 유	남을 여	경사 경

선을 쌓은 집에는 반드시 후손에게 넘치는 경사가 있다.

積善之家必有餘慶

●積의 쓰임
　1. 쌓을 적(포개놓음)
　2. 쌓일 적
⇨積不善之家 必有餘殃(적불선지가 필유여앙)
　악을 쌓은 집은 반드시 후손에 재앙이 있다.

타인을 이롭게 하고 배려하는 행위
善行(선행)――――――――――――慶事(경사)
선행에 대한 보답은 후손까지 이른다.

____월 ____일　이름 _____

| 한자성어 색인 |

苛斂誅求(가렴주구) _98
刻骨難忘(각골난망) _66
刻舟求劍(각주구검) _18
肝膽相照(간담상조) _61
甘言利說(감언이설) _75
甘呑苦吐(감탄고토) _102
甲男乙女(갑남을녀) _7
改過遷善(개과천선) _44
乾坤一擲(건곤일척) _91
格物致知(격물치지) _36
見危致命(견위치명) _88
結者解之(결자해지) _93
結草報恩(결초보은) _66
傾國之色(경국지색) _13
鷄卵有骨(계란유골) _115
鷄鳴狗盜(계명구도) _79
鼓腹擊壤(고복격양) _100
姑息之計(고식지계) _84
孤掌難鳴(고장난명) _94
苦盡甘來(고진감래) _46
曲學阿世(곡학아세) _79
過猶不及(과유불급) _43
管鮑之交(관포지교) _57
刮目相對(괄목상대) _41
矯角殺牛(교각살우) _18
巧言令色(교언영색) _75
膠柱鼓瑟(교주고슬) _19
敎學相長(교학상장) _35
口蜜腹劍(구밀복검) _76
九死一生(구사일생) _74
九牛一毛(구우일모) _110
群鷄一鶴(군계일학) _9
君子三樂(군자삼락) _52
捲土重來(권토중래) _91
克己復禮(극기복례) _52
近墨者黑(근묵자흑) _31
錦衣還鄕(금의환향) _46
金蘭之交(금란지교) _58
難兄難弟(난형난제) _15
囊中之錐(낭중지추) _10
老馬之智(노마지지) _12

弄瓦之慶(농와지경) _94
累卵之危(누란지위) _69
多岐亡羊(다기망양) _48
多多益善(다다익선) _116
丹脣皓齒(단순호치) _13
簞食瓢飮(단사표음) _51
大器晩成(대기만성) _42
塗炭之苦(도탄지고) _98
同價紅裳(동가홍상) _116
棟梁之材(동량지재) _9
同病相憐(동병상련) _109
同床異夢(동상이몽) _109
凍足放尿(동족방뇨) _85
燈下不明(등하불명) _19
燈火可親(등화가친) _39
馬耳東風(마이동풍) _117
莫上莫下(막상막하) _15
莫逆之友(막역지우) _57
晚時之歎(만시지탄) _97
亡羊補牢(망양보뢰) _83
望雲之情(망운지정) _62
麥秀之嘆(맥수지탄) _97
孟母三遷(맹모삼천) _34
名實相符(명실상부) _111
明若觀火(명약관화) _101
目不識丁(목불식정) _17
武陵桃源(무릉도원) _26
刎頸之交(문경지교) _58
聞一知十(문일지십) _10
物我一體(물아일체) _30
尾生之信(미생지신) _22
斑衣之戱(반의지희) _64
反哺之孝(반포지효) _62
拔本塞源(발본색원) _92
發憤忘食(발분망식) _38
傍若無人(방약무인) _90
背水之陣(배수지진) _74
百年河淸(백년하청) _27
伯牙絶絃(백아절현) _59
伯仲之勢(백중지세) _16
百尺竿頭(백척간두) _69

附和雷同(부화뇌동) _103
焚書坑儒(분서갱유) _99
不立文字(불립문자) _50
不恥下問(불치하문) _37
朋友有信(붕우유신) _59
四面楚歌(사면초가) _70
砂上樓閣(사상누각) _54
事必歸正(사필귀정) _30
山紫水明(산자수명) _26
殺身成仁(살신성인) _88
三顧草廬(삼고초려) _49
三人成虎(삼인성호) _77
桑田碧海(상전벽해) _27
塞翁之馬(새옹지마) _114
先公後私(선공후사) _86
善男善女(선남선녀) _7
雪上加霜(설상가상) _73
小貪大失(소탐대실) _119
束手無策(속수무책) _73
損者三友(손자삼우) _56
送舊迎新(송구영신) _29
首丘初心(수구초심) _65
手不釋卷(수불석권) _39
袖手傍觀(수수방관) _103
水魚之交(수어지교) _60
守株待兎(수주대토) _22
菽麥不辨(숙맥불변) _20
始終一貫(시종일관) _47
十匙一飯(십시일반) _87
我田引水(아전인수) _102
安貧樂道(안빈낙도) _51
眼下無人(안하무인) _90
羊頭狗肉(양두구육) _76
梁上君子(양상군자) _14
養虎遺患(양호유환) _80
漁父之利(어부지리) _108
言中有骨(언중유골) _120
如履薄氷(여리박빙) _72
與民同樂(여민동락) _100
易地思之(역지사지) _87
緣木求魚(연목구어) _20

五里霧中(오리무중) _101
吾鼻三尺(오비삼척) _89
烏飛梨落(오비이락) _115
吳越同舟(오월동주) _89
溫故知新(온고지신) _36
臥薪嘗膽(와신상담) _45
外柔內剛(외유내강) _12
欲速不達(욕속부달) _43
龍頭蛇尾(용두사미) _47
龍虎相搏(용호상박) _16
愚公移山(우공이산) _53
牛耳讀經(우이독경) _21
遠交近攻(원교근공) _80
有名無實(유명무실) _111
有備無患(유비무환) _83
類類相從(유유상종) _104
陰德陽報(음덕양보) _65
吟風弄月(음풍농월) _25
泣斬馬謖(읍참마속) _86
以心傳心(이심전심) _50
以熱治熱(이열치열) _93
泥田鬪狗(이전투구) _105
益者三友(익자삼우) _56
因果應報(인과응보) _28
仁者無敵(인자무적) _11
日暮途遠(일모도원) _48
一石二鳥(일석이조) _108
一魚濁水(일어탁수) _105
一字無識(일자무식) _17

一場春夢(일장춘몽) _112
一觸卽發(일촉즉발) _71
日就月將(일취월장) _41
臨機應變(임기응변) _85
自强不息(자강불식) _38
才子佳人(재자가인) _8
賊反荷杖(적반하장) _106
轉禍爲福(전화위복) _114
切磋琢磨(절차탁마) _42
切齒腐心(절치부심) _45
頂門一鍼(정문일침) _92
井底之蛙(정저지와) _21
糟糠之妻(조강지처) _14
朝變夕改(조변석개) _107
朝三暮四(조삼모사) _77
鳥足之血(조족지혈) _110
種豆得豆(종두득두) _28
主客顚倒(주객전도) _106
晝耕夜讀(주경야독) _40
走馬看山(주마간산) _117
酒池肉林(주지육림) _99
竹馬故友(죽마고우) _60
衆寡不敵(중과부적) _113
芝蘭之交(지란지교) _61
指鹿爲馬(지록위마) _78
至誠感天(지성감천) _49
進退兩難(진퇴양난) _70
天高馬肥(천고마비) _31
千慮一失(천려일실) _119

泉石膏肓(천석고황) _25
靑出於藍(청출어람) _37
草綠同色(초록동색) _104
焦眉之急(초미지급) _71
出告反面(출곡반면) _63
七縱七擒(칠종칠금) _11
他山之石(타산지석) _44
泰山北斗(태산북두) _8
兎死狗烹(토사구팽) _107
破竹之勢(파죽지세) _113
表裏不同(표리부동) _118
風樹之嘆(풍수지탄) _63
風前燈火(풍전등화) _72
下石上臺(하석상대) _84
邯鄲之夢(한단지몽) _112
汗牛充棟(한우충동) _54
咸興差使(함흥차사) _120
螢雪之功(형설지공) _40
狐假虎威(호가호위) _78
昏定晨省(혼정신성) _64
弘益人間(홍익인간) _35
畵龍點睛(화룡점정) _53
會者定離(회자정리) _29
厚顔無恥(후안무치) _118

| 단문 색인 |

見善從之 知過必改(견선종지 지과필개) _137
己所不欲 勿施於人(기소불욕 물시어인) _139
無足之言 飛于千里(무족지언 비우천리) _124
父母責之 反省勿怨(부모책지 반성물원) _134
父母出入 每必起立(부모출입 매필기립) _132
不入虎穴 不得虎子(불입호혈 부득호자) _129
三歲之習 至于八十(삼세지습 지우팔십) _125
先生施敎 弟子是則(선생시교 제자시칙) _135
水深可知 人心難知(수심가지 인심난지) _126

容貌端正 衣帶整齊(용모단정 의대정제) _138
幼而不學 老無所知(유이불학 노무소지) _127
人無責友 易陷不義(인무책우 이함불의) _136
積善之家 必有餘慶(적선지가 필유여경) _140
終身之計 莫如敎子(종신지계 막여교자) _123
知彼知己 百戰不殆(지피지기 백전불태) _130
逐彼山兎 竝失家兎(축피산토 병실가토) _128
出入門戶 開閉必恭(출입문호 개폐필공) _133
匹夫見辱 拔劍而起(필부견욕 발검이기) _131

部 數 名 稱

1획
一	한 일
丨	뚫을 곤
丶	점 주
丿	삐침 별
乙	새 을
亅	갈고리 궐

2획
二	두 이
亠	돼지해머리 두
亻·人	사람 인
儿	어진사람 인
入	들 입
八	여덟 팔
冂	멀 경
冖	덮을 멱
冫	얼음 빙
几	안석 궤
凵	입벌릴 감
刂·刀	칼 도
力	힘 력
勹	쌀 포
匕	비수 비
匸	감출 혜
匚	상자 방
十	열 십
卜	점 복
卩·㔾	병부 절
厂	언덕 한
厶	사사로울 사
又	또 우

3획
口	입 구
囗	에울 위
土	흙 토
士	선비 사
夂	뒤져올 치
夊	천천히걸을 쇠
夕	저녁 석
大	큰 대
女	계집 녀
子	아들 자
宀	집 면
寸	마디 촌
小	작을 소
尢·兀	절름발이 왕
尸	주검 시
屮	왼손 좌
山	뫼 산
巛·川	내 천
工	장인 공
己	몸 기
巾	수건 건
干	방패 간
幺	작을 요
广	집 엄
廴	길게걸을 인
廾	스물 입
弋	주살 익
弓	활 궁
彐·彑	돼지머리 계
彡	터럭 삼
彳	조금걸을 척
忄·心	마음 심
扌·手	손 수
氵·水	물 수
犭·犬	개 견
阝·邑	고을 읍
阝·阜	언덕 부

4획
心	마음 심
戈	창 과
戶	지게 호
手	손 수
支	지탱할 지
攵·攴	칠 복
文	글월 문
斗	말 두
斤	도끼 근
方	모 방
无	없을 무
日	날 일
曰	가로 왈
月	달 월
木	나무 목
欠	하품 흠
止	그칠 지
歹	죽을 사
殳	몽둥이 수
毋	말 무
比	견줄 비
毛	털 모
氏	성씨 씨
气	기운 기
氵·水	물 수
灬·火	불 화
爫·爪	손톱 조
父	아비 부
爻	점괘 효
爿	조각 장
片	조각 편
牙	어금니 아
牜·牛	소 우
犭·犬	개 견
王·玉	구슬 옥
耂·老	늙을 로
月·肉	고기 육
艹·艸	풀 초
辶·辵	갈 착

5획
玄	검을 현
玉	구슬 옥
瓜	오이 과
瓦	기와 와
甘	달 감
生	날 생
用	쓸 용
田	밭 전
疋	짝 필
疒	병들 녁
癶	등질 발
白	흰 백
皮	가죽 피
皿	그릇 명

目	눈 목	色	빛 색	镸·長	길 장	鳥	새 조
矛	창 모	艸	풀 초	門	문 문	鹵	소금 로
矢	화살 시	虍	범 호	阜·阝	언덕 부	鹿	사슴 록
石	돌 석	虫	벌레 충	隶	미칠 이	麥	보리 맥
礻·示	보일 시	血	피 혈	隹	새 추	麻	삼 마
内	발자국 유	行	다닐 행	雨	비 우	**12 획**	
禾	벼 화	衣·衤	옷 의	靑	푸를 청	黃	누를 황
穴	구멍 혈	襾	덮을 아	非	아닐 비	黍	기장 서
立	설 립	**7 획**		**9 획**		黑	검을 흑
6 획		見	볼 견	面	낯 면	黹	바느질할 치
竹	대 죽	角	뿔 각	革	가죽 혁	**13 획**	
米	쌀 미	言	말씀 언	韋	가죽 위	黽	맹꽁이 맹
糸	실 사	谷	골짜기 곡	韭	부추 구	鼎	솥 정
缶	장군 부	豆	콩 두	音	소리 음	鼓	북 고
四·网	그물 망	豕	돼지 시	頁	머리 혈	鼠	쥐 서
羊	양 양	豸	발없는 벌레 치	風	바람 풍	**14 획**	
羽	깃 우	貝	조개 패	飛	날 비	鼻	코 비
老	늙을 로	赤	붉을 적	食	밥 식	齊	가지런할 제
而	말이을 이	走	달릴 주	首	머리 수	**15 획**	
耒	쟁기 뢰	足	발 족	香	향기 향	齒	이 치
耳	귀 이	身	몸 신	**10 획**		**16 획**	
聿	붓 율	車	수레 거	馬	말 마	龍	용 룡
肉	고기 육	辛	매울 신	骨	뼈 골	龜	거북 귀
臣	신하 신	辰	별 신	高	높을 고	**17 획**	
自	스스로 자	辶	갈 착	髟	머리털 표	龠	피리 약
至	이를 지	邑	고을 읍	鬥	싸울 투		
臼	절구 구	酉	술 유	鬯	울창주 창		
舌	혀 설	釆	분별할 채	鬲	막을 격		
舛	어그러질 천	里	마을 리	鬼	귀신 귀		
舟	배 주	**8 획**		**11 획**			
艮	머무를 간	金	쇠 금	魚	물고기 어		